図解まるわかり

DXのしくみ

Digital Transformation

西村泰洋 [著]

JN108308

SE
SHOEISHA

　本書の読者特典として、図3-6で解説している「Pythonのソースコード」と図8-1の「DXをユニットから考えるワークシート」を提供します。下記の方法で入手し、さらなる学習にお役立てください。

会員特典の入手方法

❶以下のWebサイトにアクセスしてください。

　URL https://www.shoeisha.co.jp/book/present/9784798172309

❷画面に従って必要事項を入力してください（無料の会員登録が必要です）。

❸表示されるリンクをクリックし、ダウンロードしてください。

※会員特典データのダウンロードには、SHOEISHA iD（翔泳社が運営する無料の会員制度）への会員登録が必要です。詳しくは、Webサイトをご覧ください。

※会員特典データに関する権利は著者および株式会社翔泳社が所有しています。許可なく配布したり、Webサイトに転載したりすることはできません。

※会員特典データの提供は予告なく終了することがあります。予めご了承ください。

　現在、DXはさまざまなシーンで登場する言葉となっています。

　DXを実現するという観点で考えると、成功要因として大きく次の3つが挙げられます。

- **方法論：戦略策定と進め方・組織設計**
- **ITとデジタル技術：最適な技術の選択と適用**
- **DX人材：上記の知見を有する人材の確保ならびに育成**

　これらがそろえばDXを実現できる可能性は高まります。もちろん、新たな業務やビジネスをデザインするクリエイティブな思考力や、ビジネスを企画して立ち上げて軌道に乗せるまでの高度な経験やスキルを求められることもあります。つまり、結局のところは「人」に依存するということです。

　本書の特長として、成功要因の中でも最も重要なDX人材に不可欠なITとデジタル技術への知見を中心に、基礎から実用に至るまでを広範囲にわたりしっかりと解説しています。

　それらを優先している理由には、これまでに数十を超える企業や団体のDXを支援してきた経験をもとに、成功している企業、成功までに時間を要している企業、成功に至っていない企業などの分析を進めてきたことがあります。後者となる場合には、冒頭の成功要因を整備できていないことが挙げられますが、特にDX人材そのものの不足やITとデジタル技術に関するスキルが十分でなかったことが真因ともいえます。本書の内容をマスターすればそうしたことを避けることができます。

　本書をDXの入り口あるいは、基本的な知識やスキルチェックのマイルストーンとして位置づけることで、DXの実現に向けて前進することが期待できます。

　ぜひ、多くの方にDXに興味を持っていただくとともに、本書で得られた知識を実際のビジネスシーンで活用していただきたいと願っています。

2021年10月　西村 泰洋

目次

第1章 DXの基本
～特徴と機能、デジタル化との違い～　17

第 **2** 章 DXの実現に向けて
~取り組みと実現のパターン~ 45

第4章 DXに不可欠なWeb技術
～ブラウザ、Webアプリ、多様化するWebの世界～　105

第 5 章 DXの基盤を担うクラウド
～クラウドのサービスと技術～
129

第 **6** 章 データ処理とネットワーク
~変わりゆくデータベースと典型的な処理~ 153

<table>
<tr><td>第8章</td><td>DXはWebとクラウドから
～DXのほとんどはWeb技術を使う～　　199</td></tr>
</table>

第 9 章 DX人材を育てる
〜人材像とスキルの定義〜
225

DXの基本

～特徴と機能、デジタル化との違い～

≫ DXとは？

DXの定義

　DXという言葉が日常的に使われるようになっています。

　DXとは**Digital Transformation**（デジタル・トランスフォーメーション）の略称で、**企業や団体がデジタル技術を活用して経営や事業における変革を実現する取り組み**をいいます。デジタル技術を一言で表す「Digital（デジタル）」と変革を意味する「Transformation（トランスフォーメーション）」を組み合わせた造語です（図1-1）。

　DXは、情報技術や情報通信技術を表す**IT**（Information Technology）や**ICT**（Information and Communication Technology）が日常会話にも登場するように身近な言葉になりつつあります。以前はITに詳しい一部の企業や団体でのみ使われていましたが、今ではさまざまなシーンで使われています。

デジタル技術とは？

　デジタル技術はここ数年の間に急速に導入が進んでいる比較的新しい情報通信技術の総称です。例を挙げると次のような技術です（図1-2）。

- AI（Artificial Intelligence：人工知能）
- IoT（Internet of Things）
- クラウドコンピューティング
- AR（Augmented Reality：拡張現実）とVR（Virtual Reality：仮想現実）
- Web技術
- API（Application Programming Interface）
- ブロックチェーン

　上記にRPAやモバイル、ロボティクス、サービスが開始された5Gなどを含むこともあります。

図1-1	DXとは？

DX＝Digital Transformationの略称

デジタル技術を表す
Digital

✕

変革を意味する
Transformation

Transformが持つ意味

- 景色や街のような大きなものを一変させる
- モノや機能などを変形・変換する

　街や風景を一変　

　モノを変形　

図1-2	主要なデジタル技術

 AI

 IoT

クラウド
コンピューティング

 AR/VR

Web技術

ブロックチェーン

 API

Point

- DX は Digital Transformation の略称
- 企業や団体がデジタル技術を活用して経営や事業における変革を実現する取り組みをいう

» DXの起源

Xは何を表すのか?

Digital Transformationの語源は、スウェーデンのウメオ大学のエリック・ストルターマン教授が論文で用いたのが最初といわれています。

DXのDはDigitalということはわかります。後に続くXは、おそらくTransformationを示すと思われますが、TransformationにXの文字は含まれていません。DXという言葉が使われ始めた頃には、DTとそのまま表現することもありましたが、目に見えない文字から意味を読み取るのは難しいことです。

答えは、英語でTransをXで略すことがあることによります。

実際にTransをXと表すのを見ることができる例の1つとして電話機があります。海外で販売されている電話機の転送ボタンでは、「TRANSFER」の代わりに「XFER」と表示されていることがあります(図1-3)。

DXの意味を共有する

TransをXと略すことがあるといわれても、図1-3のような実例を見ないと信じられないものです。

この後、解説を進めていきますが、**DXという言葉に抱く印象や意味合いは人や組織によって異なることがあります。**それが、DX実現に向けた活動がうまくいかない場合の障壁の1つにもなります。

しかしながら、現実に目に見えるモノや改めて文字で表現して確認することで、関係者がその考え方や意味を共有できます。

実際にDXの実現に向けて進めていく際には、**「私たちが言っているDXとは何だろう?」ということを、関係者の間で必ず確認しながら進めてください**(図1-4)。

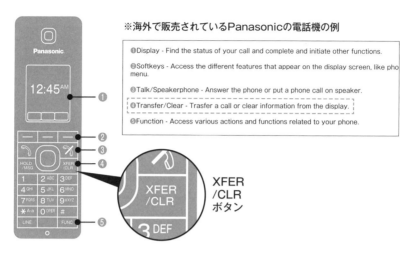

図1-3　XFERの実例

※海外で販売されているPanasonicの電話機の例

❶Display - Find the status of your call and complete and initiate other functions.

❷Softkeys - Access the different features that appear on the display screen, like pho
menu.

❸Talk/Speakerphone - Answer the phone or put a phone call on speaker.

❹Transfer/Clear - Trasfer a call or clear information from the display.

❺Function - Access various actions and functions related to your phone.

XFER
/CLR
ボタン

図1-4　DXの意味を共有・確認する例

目標や大きな意味を共有する例

具体的に確認する例

私たちのDXとは何だろう？

私たちのDXとは何だろう？

デジタル技術を活用して、社内だけでなくお客さま対応も含めてワークスタイルを変えること

●新たな顧客接点を作る
●集めた大量データをAIで分析する

●自動発注でリードタイムを2日に短縮
●ビジネスのライフサイクルを1週間から2日間に

Point

⟋DXのXはTransをXで略すことに由来する

⟋DXの意味は人や組織で異なることがあるので実現に向けて進める前に
必ず確認してほしい

≫ DXの特徴

IT導入とDXの違い

　DXを取り巻く背景や考え方については、この後解説を進めていきますが、DXの特徴として、**ビジネスとITの両輪で回すこと**が挙げられます。

　ITの導入は、もちろん企業や団体のビジネスの変革を実現することも目的の1つですが、実ビジネスを支えているバックヤードを効率化する、コスト削減を目指すなども目的としています。

　業務の効率化や単純なコスト削減などを目指したITの導入は、DXと呼ばれることはほとんどありません。つまり、**ビジネスのフロントからやり方を変えて新たな事業を開始することや、既存事業でも変革によって大きな売上拡大につながるという、前向きで攻撃的な取り組みであること**がDXの多数派です。さらに、デジタル技術のような新しい技術の活用と変革により、**ユーザーも変化に気づく**ことができます（図1-5）。

既存技術の限界

　1-1の後半でDXの実現に際して利用されるデジタル技術について例を挙げましたが、既存の技術だけではビジネスを変えるに至らないという現実もあります。

　例えば、身近な既存技術で進化を続けている例として、ATM（Automatic Teller Machine：現金自動預払機）、POS（Point Of Sale：販売時点情報管理）、飲料他の自動販売機などが挙げられます。

　それぞれが図1-6のように進化していますが、これらを導入あるいは一新したとしても、ビジネスのやり方そのものが変わることや、大きな売上拡大までには至りません。これらの既存技術に共通するのは、利用シーンと活用方法が明確に限定されていることです。

　一方、デジタル技術のような新しい技術は、利用シーンや活用方法についてはさまざまな可能性があります。

図1-5　　ITの導入とDXの意味合いの違い

- ●ITの導入はコスト削減や業務効率化のような守りの目的と売上拡大や生産性向上のような攻めの目的がある

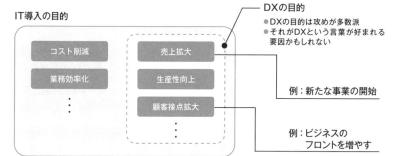

IT導入の目的

- コスト削減
- 業務効率化

- 売上拡大
- 生産性向上
- 顧客接点拡大

DXの目的
- ●DXの目的は攻めが多数派
- ●それがDXという言葉が好まれる要因かもしれない

例：新たな事業の開始

例：ビジネスのフロントを増やす

図1-6　　既存技術の進化の例

ATMの進化
- ●1960年代に誕生
- ●日本では1970年頃から利用開始
- ●1990年頃に現行機能に近い形態に

- 銀行カード以外も使える
- 生体認証もできる
- 銀行員のアニメーションによる案内

自動販売機の進化
- ●1800年代後半にイギリスで開発
- ●1960年代に広範囲に設置
- ●飲料以外にもさまざまな商品を扱う

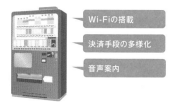

- Wi-Fiの搭載
- 決済手段の多様化
- 音声案内

POSシステムの進化
- ●1900年以前のレジスタが起源
- ●1970年代に現行機能に近い形態に
- ●リアル店舗の要のシステム

- 扱えるカードの多様化
- 形状の多様化
- 連携するシステムの多様化

Point

- ✎ DXはビジネスとITの両輪が語られるが、売上拡大などの前向きな意味を持つことが多い
- ✎ 既存技術だけでは変革は困難であることから、デジタル技術のような新しい技術が必要

≫ 求められてきた背景

外圧と外部からの侵攻

　企業や団体においてDXを語るときに不可欠なのが、いわゆる**外圧や外部からの侵攻の観点**です。

　例えば、ビジネス領域で近い部分はあるものの、競合とは考えていなかった企業が、いつの間にか自分たちの業界に入ってきて市場を席巻する、あるいはいつの間にか自社のビジネスを続けていくために、それらが提供するサービスを利用する側になっているなどです。

　前者は**ディスラプター**（Disruptor：創造的破壊者）と呼ばれていて、**1-6**で解説する民泊を仲介するAirbnbのような企業が例として挙げられます。ホテルや旅館、あるいは旅行代理店などの事業者は、もともと自分たちが得られるはずであった売上や顧客を奪われる可能性があります。

　後者は**プラットフォーマー**と呼ばれています（図1-7）。

常に存在するプラットフォーマーへのチャンス

　プラットフォーマーのわかりやすい例としては、Googleの地図や位置情報サービスがあります。黎明期にはカメラを搭載して走行中に撮影する車を見るといぶかしく思う人も多かったと思われますが、撮影データなどから提供されるサービスをいったん利用するようになると、多くの人や企業が使うようになりました。別の例ではオンラインモールがあります。Amazonや楽天市場、Yahoo!ショッピングなどは、現在ではかなりの人が利用しており、ネット販売で売上を増やすためには出店せざるを得ない状況ですが、サービス開始から約10年で現在の地位を確立しています（図1-8）。

　プラットフォーマーは、いつの間にか、そしてあるとき一気に市場を押さえます。そのときには他の企業は追随することはできず利用者の立場となります。

　しかしながら、**他者に先んじて開始し、うまくいかないときも続けていくことができれば、誰にでもプラットフォーマーになれるチャンスがあります。**

図1-7 **ディスラプターとプラットフォーマー**

ディスラプター
競合と考えられていなかった企業が市場を席巻し、業界の秩序を破壊する

プラットフォーマー
いつの間にかビジネスを続けていくためにサービスを利用・依存する立場になる

もともとの
市場・業界

利用することが必須に

図1-8 **プラットフォーマーの例**

Googleは2000年代後半からカメラを搭載した車で日本各地の撮影を開始

2007年からストリートビューをサービスとして提供

Amazonは2000年に日本に進出

楽天は1997年に創業

Yahoo!ショッピングは1999年にオープン

取扱額

2000年　　2008年　　現在

iPhoneとアンドロイド携帯の上陸

- インターネット利用者の推移とともに着実に規模を拡大
- スマートフォンの登場で爆発的な伸びを記録し現在の地位を築く

Point

- DXを語るときに他の企業からの圧力や侵攻を外すことはできない
- 他者に先んじて始めて続けていくことができれば、誰もがプラットフォーマーになれる可能性がある

» 新しい時代を読む

コロナ禍で変わる仕事と生活

コロナウイルス感染症の世界的な流行（Coronavirus Pandemic）は、私たちの仕事や生活を大きく変えました。

ワークスタイルにフォーカスすると、テレワーク（Telework）やリモートワーク（Remote Work）とも呼ばれる在宅勤務の形態が一気に増える、オフィスや店舗などに消毒用アルコールや体温測定機、アクリル板などの感染症対策の設備や備品が設置されるなどの変化が起きています。

生活面も含めると、人と人との距離を保つ、マスクの常時着用や消毒に努めるなどのように日々の行動も変わりました。

中には、オンラインでの営業や打ち合わせを基本とする企業や、賃貸オフィスの契約を更新しない企業、通勤定期を支給しない企業なども徐々に増えてきていて、大きなコストの削減につながっているケースも見られます。

このような新しい日常はニューノーマル（The New Normal）と呼ばれています。対応するのに大変な部分もありますが、**企業経営の長年にわたる課題の一部を一気に解決する方向に進めました**（図1-9）。

ニューノーマルが生み出す機会

1-4では、ディスラプターやプラットフォーマーについて解説しましたが、ニューノーマルは、すべての企業や団体に、変化への対応を突きつけます。

ある種のどうにもならない外圧ですが、その中でも、オンライン会議システムのZoom、クラウドベースで企業システムへのログインを統合するOktaなどのように、新しいプラットフォーマーとなりつつある企業も出現しています（図1-10）。

ニューノーマルでは働き方や生活が一変し、まったく異なる市場が生まれる可能性もあることから、DXにつながる契機と捉えることもできます。

| 図1-9 | ニューノーマルによる経営課題の解決 |

長年の経営課題の1つ
●全国に散在するオフィスの賃貸費用

拠点を絞れないか、コストを削減できないか

経営者

オフィスそのものの削減

ニューノーマルによる変革

長年の経営課題の1つ
●効率的な営業活動

劇的に効率を上げる営業手法はないか

経営者　　セールス　　顧客

オンライン会議システムによる効率的な営業活動

セールス

| 図1-10 | 新たなプラットフォーマーの例 |

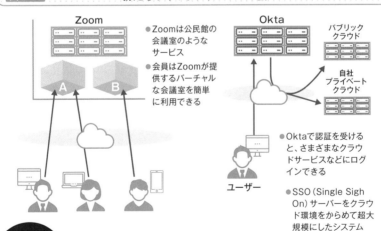

Zoom

●Zoomは公民館の会議室のようなサービス
●会員はZoomが提供するバーチャルな会議室を簡単に利用できる

Okta

パブリッククラウド

自社プライベートクラウド

ユーザー

●Oktaで認証を受けると、さまざまなクラウドサービスなどにログインできる
●SSO（Single Sigh On）サーバーをクラウド環境をからめて超大規模にしたシステム

Point

- ニューノーマルは仕事や生活に大きな変化をもたらしているが、経営課題の解決にもつながっている
- ニューノーマルを前提としてDXを検討することは多くの企業にとって有益となる

» DX企業の元祖

UberとAirbnb

　日本の産業界では欧米で成功したビジネスが注目を集めます。DXという言葉の認知とともに象徴的な企業とされたのがUberとAirbnb（エアビーアンドビー）です。

　Uber Technologiesは、今でこそUber Eatsが注目を集めていますが、もともとは車での移動を求めるユーザーが、スマホアプリなどで近くにいるUberの契約車を手配し、タクシーよりも安価な料金で目的地まで運んでもらえるサービスを提供していました。Uberは、モバイル環境での配車アプリの提供、GPSと連動したリアルタイムでの車両とユーザーの位置の把握、スマート決済などから構成されているサービスでDXといえます（図1-11）。

　Uberがアメリカで支持を得た背景には、日本のようなきめ細かい公共交通網がないことや、外出先で流しのタクシーを拾うことが困難などの日本とは異なる事情もあります。国によってUberの展開状況は異なりますが、便利なサービスであるために世界各国に広がってきました。

UberとAirbnbの2つの共通項

　Airbnbは、世界中の民泊を提供している事業者や個人と、ユーザーとをつなぐサービスです（図1-12）。

　Airbnbは、モバイル環境での予約、最新の空室状況や関連する情報の提供などが主です。しくみとしては大規模ですが、一般的なネット予約やマッチングサイトと大差はありません。特に日本ではあまり知られていなかった民泊という新たな市場とWebで提供されるシステムを結びつけた好例です。

　UberとAirbnbに共通するのは、**今までになかった市場やビジネスとそれらをWebで提供していること**です。

　DXでのビジネスを考える際には、これら2つの共通項は重要なヒントを与えてくれます。

図1-11　Uberが提供するサービスと実現するしくみ

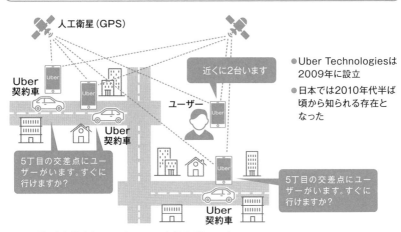

- ユーザーも契約車もスマートフォンで完結するシステム
- メインはGPSによる位置情報とWebアプリ

図1-12　Airbnbが提供するサービスと実現するしくみ

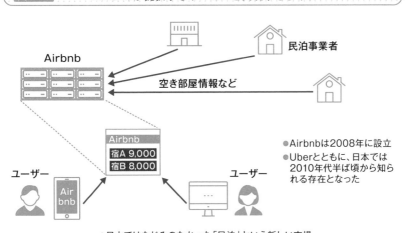

- 日本ではなじみのなかった「民泊」という新しい市場
- 実態はWeb予約システムとマッチング

Point

- DX企業の元祖としてUberとAirbnbがある
- 2つの企業に共通するのは今までになかった市場やビジネスであることと、それらをWebで提供していること

≫ DXを支える機能

バックエンドに共通する機能

　ここまででDXの特徴と背景、モデルとなっている企業などを解説してきました。改めてDXの実現を支える機能について考えてみます。

　DXで共通するのは、自動的にかつ無人でサービスが提供されていることです。元祖企業の例でも、システムのフロントエンドはWebで、バックエンドでは自動かつ無人でマッチングなどの処理がなされています。

　さらにAIの実装もされていて自律的な運用も可能になっています。本書では、自律は「自ら律して行動する」≒「デジタル技術が自ら判断して処理を実行する」という意味で、自動化よりも高度な機能を意味する用語として使っていくことにします。

　ただし、自動化・無人化・自律化は、あくまでもサービス提供者側の視点での機能です（図1-13）。また、これらは適切なIT導入の結果としてこれまでにも得られた成果です。

新しい体験を提供することがDXらしさ

　自動化や無人化などであれば、既存のしくみをさらに便利にするだけなので、ユーザーからすれば、「今までにない」や「一変した」と認識することはありません。

　UberやAirbnbは初めて体験するサービスとなり得ますが、他にも、ここ数年で導入が進んだロボットによる接客、AIチャットによるWebでのQA対応、AIロボアドバイザーによる投資のアドバイスなどが挙げられます（図1-14）。

　これらはユーザーとしても認識ができる新しい体験です。

　自動化などと比べてみると、**ユーザーが新しい体験を得られることがDXらしさであること**が見えてきます。

図1-13 自動化・無人化・自律化の例

自動化の例

データの入力・照合

RPAによる自動化

無人化の例

ロボットによる組立て

自律化の例

カメラ

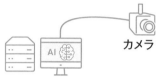

工程での不備をカメラを通じてAIが発見
して自律的にラインをストップする

図1-14 新しい体験の例

ロボットによる接客

注文をいただきまして
ありがとうございます

本日中にオペレーターより
ご連絡いたします

AIチャットによる対応

ユーザー

過去1カ月
の動きは?

AIロボアドバイザー
銘柄Sの月足です

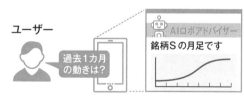

AIロボアドバイザーによる投資のアドバイス

Point

- DXを実現するしくみに共通する機能として自動化・無人化・自律化が
挙げられる
- DXらしさという観点ではユーザーが新しい体験と認知することが必要

» DXを実現する技術の違い

3階層で整理する

1-1で、デジタル技術の例を挙げました。これらはDX実現のためにすでに利用されている技術です。それぞれの技術の利用シーンはおおむね決まりつつあります。あらかじめ理解してからDXの検討を進める方がスムーズなので簡単に整理しておきます。

ここではシステムを、デバイス、ネットワーク、サーバー／クラウドの最もシンプルな3階層で考えてみます。たいていのシステムはこれらの3階層で整理することが可能です（図1-15）。**特定のシステムや技術がわかりにくいと考える方に対して、物理的にどこに存在するかで考えることをお勧めしています。**

デジタル技術もどこに位置づけられるか見ておくとわかりやすいです。

デジタル技術の位置づけを確認する

例えば、スマートフォンなどをデバイスとして、ネットワークを経由してクラウド上のサーバーとやりとりをするシステムとします。現在の情報システムで一般的な構成です。

図1-16のようにそれぞれのデジタル技術を物理的に位置づけてみると、AIとIoTは少し変わった位置づけとなります。AIはデバイスにもサーバーにも実装できます。IoTはデバイスからサーバーまでの一連のシステムであることから、3階層のすべてに当てはまります。それに対して、Webはフロントエンドとバックエンドで技術が異なります。また、ユーザーがいつでもどこでも利用できるようにするにはクラウドは不可欠です。

DXはデジタル技術を活用しますが、**各技術の基本的な位置づけを理解することで、検討がスムーズに進みます。**

図1-15	システムを3階層で整理する例

- たいていのシステムは物理的には これらの3階層で整理できる
- 特にわかりにくい技術は物理的に どこに存在するかを明確にすると わかりやすい

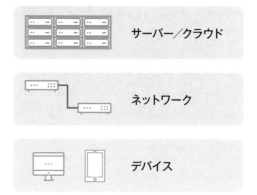

サーバー/クラウド

ネットワーク

デバイス

図1-16	デジタル技術を3階層で整理する例

- デジタル技術の 大半はサーバー 側に実装される

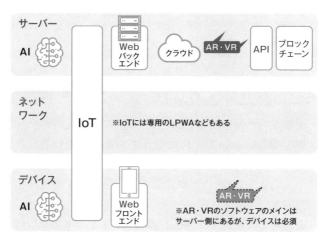

サーバー

AI｜IoT｜Web バックエンド｜クラウド｜AR・VR｜API｜ブロックチェーン

ネットワーク

IoT　※IoTには専用のLPWAなどもある

デバイス

AI｜IoT｜Web フロントエンド｜AR・VR　※AR・VRのソフトウェアのメインはサーバー側にあるが、デバイスは必須

- AIはデバイス側に も入ることがある
- IoTはデバイスが 必須
- Webはブラウザや Webアプリなど

例えば、ネットワークのプロトコルの代名詞のTCP/IPのソフトウェアとしての機能は ネットワーク機器にあるのではなくサーバー、OSにあるので、 中核となる機能やソフトウェアが物理的にどこにあるのかは常に確認してほしい

Point

- システムや技術がわかりにくいときは物理的にどこに位置するかの観点 で考えるのがよい
- デジタル技術に関するそれぞれの位置づけの違いを整理しておこう

≫ デジタル化との違い

意味の違い

　最近は使われる機会が減ってきましたが、以前はDXとともにデジタライゼーション（Digitalization）やデジタイゼーション（Digitization）という言葉が使われていたこともあります。

　DXとの違いは、デジタライゼーションやデジタイゼーションはデジタル技術を導入する、あるいはそれらを含んだシステムを導入・活用することです。一言でいえば、デジタル化を進めると言い換えることができます（図1-17）。

　なお、デジタイゼーションをデータ化（できてないものをデータにする）、デジタライゼーションをデジタル化（プロセスのデジタル化）のように、明確に定義して分ける考え方もあります。

段階の違いと現在のDXのトレンド

　言葉が表す意味の違いは上記の通りですが、現在ではDXの実現を目指す取り組みにおいて、目に見えてわかりやすいことから3段階で位置づけられることが増えています。つまり、デジタイゼーションやデジタライゼーションはDXの実現に至る前段階を表す言葉で過程であるという考え方です（図1-18）。

　この考え方が共感を得ているのは、1つの単語で段階や難しい話を共有できることです。この段階を経て進める考え方はわかりやすいです。

　一方で、第7章や第8章で解説するように、デジタル化→DX実現のように段階を経て進める方法と、ビジネスや規模によりますが、過程などは気にしないで、一気にDX実現を進める方法論もあります。

　最近の企業や団体の動向としては、後者を目指す企業が増えています。**DXという取り組み自体も歳月と経験を経てTransformされているのです。**

　皆さんの所属されている企業や団体は現在どの段階でしょうか。

図1-17 **DXとデジタライゼーションの違い**

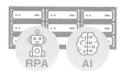

デジタイゼーションや
デジタライゼーションはデジタル化
を進めること ≒ デジタル技術を導入する
（RPAやAIを導入する例）

- この時点では、導入した業務の自動化や無人化が進む
- 劇的な効果を生み出したり、顧客が気づくような変化があったりすれば
  DXといえるが、たいていの場合はデジタル化にとどまる

図1-18 **デジタル化はDXに至る前の段階**

デジタイゼーションやデジタライゼーションをDX（ゴール）への過程と位置づける

デジタイゼーション
（過程1）

デジタライゼーション
（過程2）

DX
（ゴール）

データ化
できていないものを
データにする

デジタル化
プロセスも含めたデジタル化

DX
高度な自動化とこれまでにない利便性

Point

- DXに近い言葉としてデジタライゼーションやデジタイゼーションがある
- 最初にデジタル化、次にDXという考え方自体がもはや古いかもしれない

≫ システム更新との違い

新しいシステム環境に置き換える

DXやデジタライゼーションのような意味合いで使われる言葉の1つにモダナイゼーション（Modernization）があります。モダナイゼーションはモダナイと略されることもあります。直訳すると現代的にするということですが、IT業界では、**古いIT資産の活用もしながら、新しいハードウェアやソフトウェアのような最新のシステム環境に置き換えること**をいいます（図1-19）。

同じように使われることがあるマイグレーション（移行）は、既存システムを仮想環境に移行するなどのように使われます。

しかしながら、DXのような変革の意味合いは持たない言葉です。

古くて長く利用されているシステムをレガシーシステムなどと呼ぶことがありますが、それらを利用し続けることは運用維持の観点からリスクが高いことと、今これだけDXが叫ばれている背景もあり、DXの実現におけるデジタル化のように、モダナイゼーションを検討する動きは増えています。

デジタライゼーション同様に過程と位置づける

DXとモダナイゼーションとを結びつけようとする動きは、**特にDXを加速したいITベンダー側にもあります**。例えば、モダナイの中でいわれている新しいハードウェアやソフトウェアの部分でデジタル技術を使うというものです。デジタル技術を利用してシステムを動かすことができれば、**1-9**で解説したように、DXの前段階に到達することにもなります。あるいはシステムの達成度として、以前から存在するシステムにモダナイやデジタル技術を加えた段階、最後にDXのように考えているベンダーも多いです（図1-20）。

システム化が完全ではない領域ではデジタル化からDXへ、システム化はできているがシステムが古くなった領域では、モダナイからDXと考えるとわかりやすいです。

図1-19　モダナイゼーションとは？

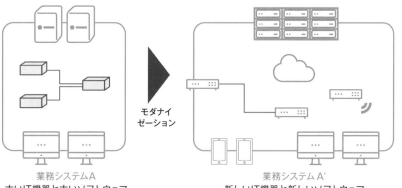

業務システムA
古いIT機器と古いソフトウェア

業務システムA'
新しいIT機器と新しいソフトウェア

- モダナイゼーションで業務システムAからA'に最新化される
- ソフトウェアでは、アプリケーションを最新のOSやデータベースなどで動作するように改修も行う

図1-20　デジタル化もモダナイもDXに向かう

- どちらかというと、ITベンダーやコンサルタントの考え方で既存システムからDXに至る前段階として、モダナイゼーションやデジタル技術の導入を位置づける
- 図1-18と比較して企業文化に合う方で進めてほしい

既存システム　　　モダナイゼーション　　　　　　　　　　　　　　　　　　　　新システム（DX）

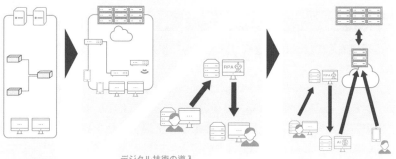

デジタル技術の導入

Point

- 古いIT資産を活かして最新のシステム環境に置き換えることはモダナイゼーションと呼ばれている
- デジタル化→DXのように、モダナイ→DXというロードマップもあり得るが、ITベンダーの思いが強い考え方

国の動き① 未来社会への準備

国が考える未来社会

日本政府は国全体をデジタル化していくために、以前から準備を進めてきました。2016年1月には内閣府から「第5期科学技術計画」でSociety 5.0（ソサエティ5.0）が発表されています。

Society 5.0は、サイバー空間とフィジカル空間を高度に融合させたシステムにより、経済発展と社会的課題を解決する、人間中心の社会と定義されています（図1-21）。

第5期は第4期の情報社会をAIやIoTなどのデジタル技術でさらに発展させた未来社会として提唱されています。狩猟社会、農耕社会、工業社会、情報社会に続く新たな社会です。

これらは国家的な取り組みですが、企業や団体に置き換えればデジタル化やDXの実現となります。

具体的な施策としてのクラウド利用

2018年6月には、日本政府（内閣官房IT総合戦略室）は、「政府情報システムにおけるクラウドサービスの利用に係る基本方針」を発表し、クラウド・バイ・デフォルト原則と呼ばれているように、府省庁の情報システムはクラウドサービスの利用を第一に検討することを示しています（図1-22）。

中央官庁が率先してクラウドを活用してデジタル化を実現することを示していますが、これはSociety 5.0の実現に向けた具体的な取り組みです。

この時点で、日本政府としては、AI、IoTに続いて、クラウド利用も提唱していることから、デジタル化に向けた具体的な方針を示しているといえます。

なお、クラウドに関しては、セキュリティの方向性も示されていて、アメリカのFedRAMP（Federal Risk and Authorization Management Program：通称・フェドランプ）と呼ばれる政府の調達基準を参考にした日本版FedRAMPもあります。

図1-21 Society 5.0の概要

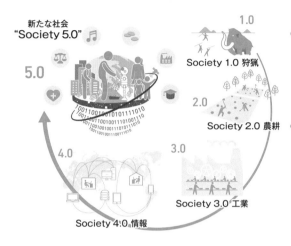

- サイバー空間（仮想空間）とフィジカル空間（現実空間）を高度に融合させたシステムにより、経済発展と社会的課題の解決を両立する、人間中心の社会（Society）

- 狩猟社会（Society 1.0）、農耕社会（Society 2.0）、工業社会（Society 3.0）、情報社会（Society 4.0）に続く、新たな社会を指すもので、第5期科学技術基本計画においてわが国が目指すべき未来社会の姿として初めて提唱

図1-22 クラウド・バイ・デフォルト原則

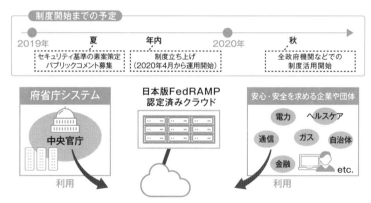

- 日本版FedRAMPは日本政府のクラウド調達のセキュリティ基準
- 中央省庁だけでなく、安心や安全を求める企業や団体は認定済みのクラウドを利用することが見込まれる

Point

- 日本政府は国家としてのデジタル化を目指して2016年にSociety 5.0を発表
- 2018年に入ってクラウド・バイ・デフォルトの原則を示すなど、国が率先して推進している

国の動き②
DX推進ガイドライン

企業経営の視点による整理

　1-11で、デジタル化を目指す国の動きについて紹介しました。続いて、2018年12月には経済産業省より、「デジタルトランスフォーメーション（DX）を推進するためのガイドライン」（通称：**DX推進ガイドライン**）が発表されています。

　ガイドラインは企業や団体の目線でまとめられていて、DXの実現やITの構築を行ううえで、経営者が押さえるべき事項の明確化や、取締役会・株主がDXに向けた取り組みをチェックするうえで活用できるものであることを目的としています（図1-23）。

「2025年の崖」を超えるために

　ガイドラインでは、DXについて次のように定義しています。かなり細かく定義されていますが参考になります。やはり前向きな取り組みです。

　「企業がビジネス環境の激しい変化に対応し、データとデジタル技術を活用して、顧客や社会のニーズをもとに、製品やサービス、ビジネスモデル変革をするとともに、業務そのものや、組織、プロセス、企業文化・風土を変革し、競争上の優位性を確立すること」

　なお、経産省は同時期に「2025年の崖」と題して、日本企業がDXを推進しないと、業務効率や競争力の低下は避けられないとして、2025年以降、約12兆円の経済損失が発生する可能性があるとも予測しています（図1-24）。

　なぜ2025年かというと、**いわゆる団塊の世代が75歳以上となり、現在も稼働しているレガシーシステムを維持してきたエンジニアたちが、そのあたりを境に一気に第一線から去る**ことが想定されているからです。このようにさまざまな背景があって、DXの実現は必然となっています。

図1-23 **DX推進ガイドラインの概要**

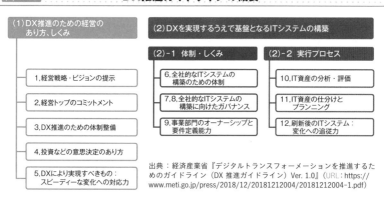

（1）DX推進のための経営の あり方、しくみ

- 1.経営戦略・ビジョンの提示
- 2.経営トップのコミットメント
- 3.DX推進のための体制整備
- 4.投資などの意思決定のあり方
- 5.DXにより実現すべきもの： スピーディーな変化への対応力

（2）DXを実現するうえで基盤となるITシステムの構築

（2）-1 体制・しくみ

- 6.全社的なITシステムの 構築のための体制
- 7,8.全社的なITシステムの 構築に向けたガバナンス
- 9.事業部門のオーナーシップと 要件定義能力

（2）-2 実行プロセス

- 10.IT資産の分析・評価
- 11.IT資産の仕分けと プランニング
- 12.刷新後のITシステム： 変化への追従力

出典：経済産業省『デジタルトランスフォーメーションを推進するためのガイドライン（DX推進ガイドライン）Ver. 1.0』（URL：https://www.meti.go.jp/press/2018/12/20181212004/20181212004-1.pdf）

図1-24 **2025年の崖**

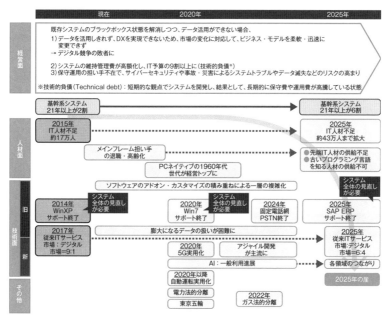

出典：デジタルトランスフォーメーションに向けた研究会『DXレポート〜ITシステム「2025年の崖」の克服とDXの本格的な展開〜』（URL：https://www.meti.go.jp/shingikai/mono_info_service/digital_transformation/pdf/20180907_03.pdf）

Point

- 2018年12月に経済産業省から「DX推進ガイドライン」が発表されている
- DXはシステムならびにエンジニアの世代交代とも表現できる

DXの市場規模

DXの市場規模の例

　DXに関連するビジネスや市場の規模についてはさまざまな調査機関が発表しています。その中でもわかりやすい例の1つとして、富士キメラ総研の「2020デジタルトランスフォーメーション市場の将来展望」が挙げられます。

　この調査では、業種ごとに予測された数値があります。**10年後の2030年度には、現在の数倍の3兆円を超える規模に至る**と予想しています（図1-25）。

　このような調査は比較的近い領域の調査とともに見ていくことで、精度を確認できます。例えば、IDC Japanが2021年3月に発表した国内パブリッククラウドサービスの市場売上額予測などでは、2025年の同市場の規模は2兆5,866億円とされています。この中には、一般的なITや情報システムとしての利用とDX向けの利用があるはずで、それらの配分と時間の経過、あるいはパンデミックの影響などをどのように予測するかはありますが、先ほどの3兆円とあわせて考えると、いずれも適切な予測のように見えます。もちろん**1-12**で紹介した「2025年の崖」をクリアすることが前提です。

DXによる社会への価値提供

　市場規模や業種という観点では、上記の例が参考になりますが、実際に経験している企業の調査なども見たいところです。

　一例として、富士通が海外を含む約900名の経営者に向けて調査した「グローバル・デジタルトランスフォーメーション調査レポート2020」があります。

　この調査の中で、DXを実践した経営者の回答者の9割は、**DXはビジネスの価値向上だけでなく**、社会への価値提供にも寄与したとの回答があることは興味深いところです（図1-26）。

　DXを考える際には、やや壮大ではありますが、このような大きな視点で見ることも有益です。

図1-25　DXの国内市場〜業種別の投資金額〜

	2019年度	2030年度予測	2019年度比
交通／運輸	2,190億円	9,055億円	4.1倍
金融	1,510億円	5,845億円	3.9倍
製造	971億円	4,500億円	4.6倍
流通	367億円	2,375億円	6.5倍
医療／介護	585億円	1,880億円	3.2倍
不動産	160億円	900億円	5.6倍
その他業界	550億円	2,090億円	3.8倍
営業・マーケティング	1,007億円	2,590億円	2.6倍
カスタマーサービス	572億円	1,190億円	2.1倍
合　計	7,912億円	3兆425億円	3.8倍

出典：富士キメラ総研プレスリリース「『2020 デジタルトランスフォーメーション市場の将来展望』まとまる（2020/10/23発表 第20112号）」（URL：https://www.fcr.co.jp/pr/20112.htm）

図1-26　DXを実践した経営者の回答の例

デジタルトランスフォーメーションは社会への価値提供に寄与した

（n=367：デジタルトランスフォーメーションを実践し結果を出した回答者）

- 非常にそう思う
- そう思う
- どちらでもない
- そう思わない

デジタルトランスフォーメーションを通じて提供した社会価値

（n=327：左記の質問に「非常にそう思う」または、「そう思う」と答えた回答者）

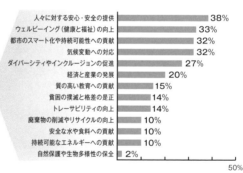

人々に対する安心・安全の提供	38%
ウェルビーイング（健康と福祉）の向上	33%
都市のスマート化や持続可能性への貢献	32%
気候変動への対応	32%
ダイバーシティやインクルージョンの促進	27%
経済と産業の発展	20%
質の高い教育への貢献	15%
貧困の撲滅と格差の是正	14%
トレーサビリティの向上	14%
廃棄物の削減やリサイクルの向上	10%
安全な水や食料への貢献	10%
持続可能なエネルギーへの貢献	10%
自然保護や生物多様性の保全	2%

出典：富士通プレスリリース「世界9カ国のビジネスリーダーを対象とした「グローバル・デジタルトランスフォーメーション調査レポート 2020」を公開」（URL：https://pr.fujitsu.com/jp/news/2020/06/29.html）

Point

- DXの市場規模は10年後には現在の数倍にもなる可能性がある
- DXのビジネスへのインパクトだけでなく社会的な価値提供などの大きな視点で考える余裕を持ちたい

やってみよう

4段階のスキルチェック

現在、多くの企業や団体でDX人材が求められています。DX人材には簡単にいえば、新しいビジネスとシステムの両方をデザインする能力が求められます。

ここでは、後者に向けての準備をやってみます。

例として、3つのデジタル技術について次の4段階のどこに、ご自身または所属する組織が位置づけられるかチェックしてみてください。

段階／デジタル技術	クラウド	Web技術	AI
❶言葉や概要を知っている	Yes / No	Yes / No	Yes / No
❷具体的に何ができるか知っている	Yes / No	Yes / No	Yes / No
❸実際に操作したことがある	Yes / No	Yes / No	Yes / No
❹指導できるスキルがある	Yes / No	Yes / No	Yes / No

言葉やイメージでつかんでいるのと、実際に操作したうえでビジネス企画に取り組むのとではかなりの差があることから、このようなチェックは重要です。

デジタル技術への習熟度は極めて重要

ここでは、DXの実現を目指してデジタル技術についての知見を確認していますが、例えば、私たちが日本の戦国時代に生きていたとします。デジタル技術のところを、鉄砲や大砲などに置き換えてみると、新しい技術への習熟度の積み重ねは一国の命運を決める可能性があることがわかります。

鉄砲を知らない人と知っている人、使い方や効果を知っている人とそうでない人や国などとの違いを想像するだけで愕然とします。

実務でのDX人材の育成やスキルのレベル分けは、特に上記の❸以降でより細かく分けますが、まずは本書で❶と❷を押さえましょう。

第 2 章

DXの実現に向けて
～取り組みと実現のパターン～

» DXにおける大きな変化

当初のDXは大規模で長期間

　日本国内でDXやDTという言葉が使われ始めたのは筆者の記憶からすれば、2015年頃からです。ちょうどそのあたりから、ごく一部の大手企業の間ではDXに向けた取り組みが進められてきました。

　これについては、大きく2つの流れがあります。1つは金融機関や保険会社などを中心にAIとRPAを導入して内部事務の自動化と顧客接点での変革を目指す取り組みです。もう1つは製造業などでAIとIoTを導入した製造現場の改革、あるいはクラウドを導入してユーザー企業と製造や在庫の情報などを共有する動きです（図2-1）。

　いずれも先進的な取り組みであることと、システム自体も規模が大きくて複雑であったことから、2年から3年をかけてDXの実現に至っています。確かに当時は一部の企業にしかできない先進的な活動でしたが、様子をうかがっていた他の企業などでは、より短期間で実現できないかと考えていました。

現在のDXは中小規模で短期間

　上記の大手企業のDXは既存のシステムにデジタル技術をアドオンする考え方で進められていました。また、各企業における基幹業務であったことから、規模も大きく時間を必要としていました。対して、近年のDXのトレンドは、企業規模や業種を問わず、次のことを重視して最初のDXを半年から1年などの**短期間で実現する**のがポイントです（図2-2）。

- 古いシステムをやめて新しいシステムを使う
- 中小規模の業務で実績を挙げてDXを展開していく

　詳細は第7章、第8章で解説しますが、DXも自律的に変わっているのです。

図2-1 **2015年頃に始まったDXの先駆けの例**

金融機関・保険会社

内部事務の自動化
例）既存システム＋RPA/AI

製造業

製造現場の改革
例）既存システム＋IoT/AI

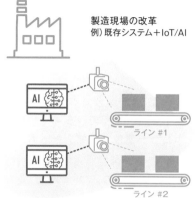

顧客接点での変革
例）コールセンターでのAI導入

- 一部の大手企業から始まった取り組み
- 基幹業務であり、2～3年を要した

図2-2 **近年のDXのトレンド**

新しいシステムを使う

中小規模の業務で実績を上げて展開

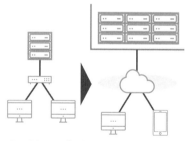

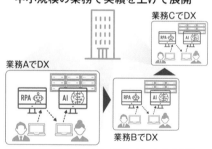

クラウドやアプリケーションまで含んだ
SaaSを使う

基幹業務ではなく、手をつけやすい中小の業務
で実績を上げて展開していく

すべての企業で可能な取り組みで、半年から1年で実現して展開する

Point

- 当初のDXはごく一部の大手企業での大規模な取り組みにすぎず、2～3年がかりで実現されていた
- 近年のDXは新しいシステムを使う、中小規模の業務から実績を上げて展開するなどがトレンドで、短期間での実現を目指している

≫ DXの成否を分ける要素

3つのDXの成功要因

2-1でDXが研究されてきたことを述べました。すでにDXに関する書籍が100冊を超えているような状況ですから、それだけさまざまな分野でノウハウが蓄積されてきたともいえます。

多くの専門家の意見と筆者の経験から、DXを成功させるためには、次の3つの観点でのノウハウが必要となります（図2-3）。

- **方法論**：戦略も含めて、**1-9・1-10**で見たような進め方と、**2-1**のような領域と時間軸の考え方があります。
- **組織の最適化**：企業や団体でDXを進めるためには、それに応じた組織や指揮命令系統が必要です。この後で解説を進めていきます。
- **ITスキル**：ITやデジタル技術に関する知見です。第1章の「やってみよう」でも見たように、デジタル技術への知見によって実現の可能性や幅・深さなどが変わります。

それぞれが重要な成功要因ですが、本書では主にITスキルの要素に重点を置いて解説します。

目に見える方法論と組織

DXに関するプロジェクトが実際に進み始めると、**方法論と組織については客観的な有無やどのような形態かがわかります。**

一方、**ITスキルに関しては、関係者に試験などをすることはできないことから、なかなかわかりません。**特に企業や組織レベルでスキルを測るのは、他の組織などとの比較もできないことから困難です（図2-4）。

そのような状況も含めて、利用候補の技術に関して、本書で解説を進めていくレベルを最低ラインとして見ていただければよいと考えています。

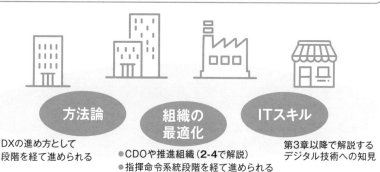

図2-3 **DXの3つの成功要因**

| 方法論 | 組織の最適化 | ITスキル |

DXの進め方として
段階を経て進められる

- CDOや推進組織（**2-4**で解説）
- 指揮命令系統段階を経て進められる

第3章以降で解説する
デジタル技術への知見

DXは、方法論、組織の最適化、ITスキルの3つがそろうと成功する

図2-4 **目に見える成功要因と目に見えない成功要因**

方法論や戦略を持って進めているか？

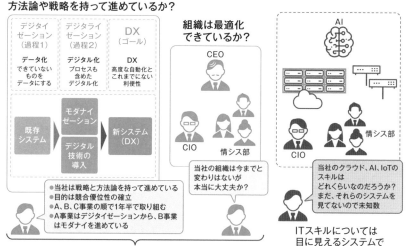

デジタイゼーション（過程1）	デジタライゼーション（過程2）	DX（ゴール）
データ化できていないものをデータにする	デジタル化プロセスも含めたデジタル化	DX高度な自動化とこれまでにない利便性

既存システム → モダナイゼーション／デジタル技術の導入 → 新システム（DX）

- 当社は戦略と方法論を持って進めている
- 目的は競合優位性の確立
- A、B、C事業の順で1年半で取り組む
- A事業はデジタイゼーションから、B事業はモダナイを進めている

組織は最適化できているか？

CEO
CIO　情シス部

当社の組織は今までと変わりはないが本当に大丈夫か？

方法論と組織については客観的に理解できる

AI

CIO　情シス部

当社のクラウド、AI、IoTのスキルはどれくらいなのだろうか？まだ、それらのシステムを見てないので未知数

ITスキルについては
目に見えるシステムで
実現されないと見えない

Point

- DXの成功要因として、進め方としての方法論、組織の最適化、さらにITスキルが必要
- 方法論と組織については客観的に確認できるが、ITスキルのレベルの確認は困難であることから留意してほしい

» 全社的な取り組み

経営者がDXをリードする

2-1でDXの進め方や方法論自体は変わりつつあることをお伝えしました。本節では組織について考えてみます。

企業や団体がDXの実現に向けて取り組む際は、経営者による**トップダウン**で進められることが多いです。トップダウンは組織の上部から下部に向かって指示をする経営管理の方式です。DXが大きな変革である以上は、経営幹部が中心となってリードしていくのは適切です。

一方、トップダウンに対して、現場での意見や取り組みを中心として意思決定に反映させていく**ボトムアップ**の方式もあり得ます。

多数派はトップダウンで、企業文化によってはトップダウンとボトムアップを組み合わせて取り組むこともあるのが実態です（図2-5）。

ボトムアップだけでは難しい理由

ボトムアップは現場の社員が納得して進めていくことから、施策や活動によっては大きな成果を見込むことができます。ところがDXの場合には、業務とシステムの両者を変える、あるいは仕事のやり方をデジタル技術の活用などによって大きく変えることから、システムの導入、追加や変更を伴います。

仮にボトムアップで進めていくにしても、共通のシステムの利用や、運用やセキュリティなどの一定の基準は必要です。そのため、**ボトムアップのみで進めることは基本的にはありません**。

例えば、テレワーク環境への移行を急ぐあまり、社内外での打ち合わせにオンライン会議システムを利用することのみに注力すると、各部門や個人で、異なる複数のシステムが乱立して混乱が生ずるだけでなく、セキュリティポリシーに反する可能性や手戻りもあり得ます（図2-6）。

これは実際によくあるケースですが、一定の方針やゴールが明示されたうえで取り組んでいく必要があります。

図2-5　多数派のトップダウン、一部にはボトムアップとの組み合わせも

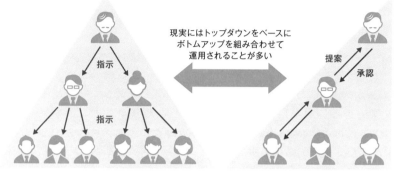

トップダウン　　　　　　　　　　　　　　　　ボトムアップ

現実にはトップダウンをベースに
ボトムアップを組み合わせて
運用されることが多い

指示

指示

提案
承認

- トップからの指示に従って組織が動く
- DXでの多数派

現場の活動をもとにトップに提案をして
承認を得る形で進められる

図2-6　オンライン会議システムの乱立の例

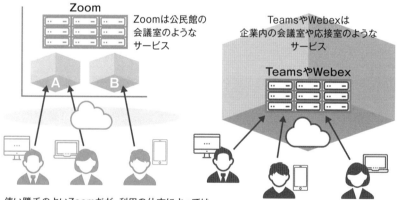

Zoom

Zoomは公民館の
会議室のような
サービス

TeamsやWebexは
企業内の会議室や応接室のような
サービス

TeamsやWebex

A　B

使い勝手のよいZoomだが、利用の仕方によっては、
企業のITポリシーや情報セキュリティポリシーに適合しない可能性がある
（機密情報を含む会議などは公民館の会議室では行わない）

※Teamsはマイクロソフト、Webexはシスコシステムズが提供

Point

- DXの推進はトップダウンが多数派で、ボトムアップと組み合わせて取り組まれることもある
- ボトムアップだけで進めると足並みがそろわなくなるリスクがある

» CDOとCIO

DXの指揮をとる人材

　企業や団体において、トップダウンでDXを推進していくときには、トップであるCEOが自ら指揮をとることもありますが、実態としては、CDO（Chief Digital Officer：チーフ・デジタル・オフィサー）を選出して、進めていくことが多いです。

　ITや情報システム関連の責任者としては、CIO（Chief Information Officer：チーフ・インフォメーション・オフィサー）が存在することが一般的ですが、CIOとは別に、DXなどのデジタル戦略推進の責任者としてCDOを立てます（図2-7）。

　DXはシステムの導入や変更も含むことも多いので、CIOが両者の役割を果たす、あるいは兼務すればよいのではないかといわれることもあります。

CDOを新たに選出する理由

　CDOを新たに選出するのには、次のような理由があります（図2-8）。

- **DXへ取り組むことの明確化**
  　CDOを新たに選出することで、**DXに向けての戦略策定や実行などの具体的な行動を起こすことを、内外に対して明確にできます。**
- **CDOとCIOとの兼務は困難**
  　CIOは未来のIT戦略だけでなく、既存のシステムを維持する仕事もあります。特に後者は企業規模が大きくなるほどさまざまな業務が多いので、CDOとの兼務が現実的ではないこともあります。

　主にこれらの理由からCDOが新たに選出されますが、CDOはビジネスの変革の推進者とも位置づけられることが多く、CIOやIT関連の経験がない方が任命されることもあります。

図2-7	CDOとCIOの違い

CDO
Chief Digital Officer
（チーフ・デジタル・オフィサー）

- デジタル戦略の策定ならびに推進
- DXの責任者
- 必ずしもITやCIOの経験者というわけではなく、マーケティングの経験者などが比較的多い
- 企業や団体において、革新的な活動ができる人材として求められている

CIO
Chief Information Officer
（チーフ・インフォメーション・オフィサー）

- IT戦略の策定ならびに推進
- ITやシステムの導入・運用の責任者
- 以前はシステムの導入・開発の経験者が選出されることが多かったが、最近では経営トップになるための登竜門として位置づけている企業もある
- 企業や団体においてITの価値や役割が大きくなってきたことによる

図2-8	CDOを新たに選出する理由

 DX実現に向けてCDOを立てるのが主流

DXに取り組むことの明確化	CDOを選出することで、DXに向けての戦略策定や実行などの行動を起こすことを内外に示す
CDOとCIOの兼務は困難化	●CIOにはIT戦略策定だけでなく、既存のシステムを維持する仕事もある ●特に後者の負荷は高いことからCDOとの兼務は困難

Point

- 企業や団体のDX推進の責任者として新たにCDOが選出されることが多い
- CDOの存在でDXに向けて取り組むことを内外に示せる

専任部署と横断組織

DXを推進する部隊

2-4でCDOがDXをけん引する役割を担うことを述べました。実際には CDOに加えて、実働部隊である**DX推進部門**がCDOの直下に新設される ことが多いです。DX推進部門はDX戦略の策定や実現に向けてのマネジメ ント、さらには稼働後の評価などを担当します（図2-9）。

以前はこのような新設の組織はその役割が終了すると解散していました が、近年はDXを継続的に推進していくために、一度設置された推進部門 が企業や団体において引き続き存在しています。それだけDXが一般に認 知される重要な存在になってきたともいえます。

しかしながら、ビジネスや企業規模によっては推進していくのは難しい ので、各部門との調整や連携を図るしくみが必要となります。

縦と横の連携を行うためのしくみ

実態としてよくあるのは、**各部門を横断するバーチャルな組織間の横断 組織を設置する方法です**。各部門に小型のDX推進部隊または推進担当者 を設けて相互に連携します（図2-10）。

ただし、このような組織設計は、各企業での仕事のやり方を大きく変え る、あるいは基幹のシステムを変更するようなときには実行されてきたこ とで、DX推進にのみ固有なわけではありません。

DXで特筆すべきは、異なる多くの企業が図2-9や図2-10のようなおお むね共通の体制を作って、DXという共通の目標に同時期に進んでいるこ とです。これまでに各企業で同じような組織を作ったことがあったとして も、目指す目標や目的は必ずしも同じではありませんでした。

所属する企業や団体に、CDOやDX推進部門は存在するか、それらと連 携する横断組織や人材が存在するかなどを確認してみてください。

図2-9 **DX推進部門の役割**

DX推進部門

CDOの直下に
DXを推進する部隊が
設置されることが多い

DXを終えて解散するのではなく
引き続き存在する
➡DXが企業や団体で永続的に
　推進される活動になった

- DX戦略の策定
- 実現に向けてのマネジメント
- 稼働後の評価

図2-10 **DX推進に向けた全体の組織**

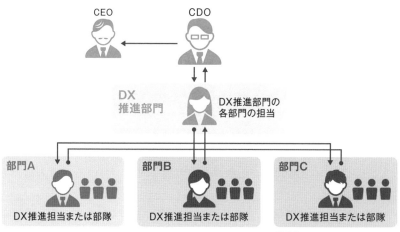

CEO　　CDO

DX
推進部門

DX推進部門の
各部門の担当

部門A　　　　部門B　　　　部門C

DX推進担当または部隊　　DX推進担当または部隊　　DX推進担当または部隊

- DX推進部門と各部門が連携する
- DX推進部門は全体も見ている

Point

🖉 DX推進に際してCDOとともにDX推進部門が設置されることが多い
🖉 各現業部門とCDOとを連携させる横断的なしくみも導入される

» テレワークはDXか?

テレワークの基盤

　ここ数年DXがクローズアップされてきましたが、2020年初頭から続いているパンデミックの中で、企業や団体においては、テレワークとあわせてオンライン会議システムを導入する動きが広がっています。

　テレワークの基盤となるしくみとして大規模なケースでは、図2-11のように、クラウド上にVDI（Virtual Desktop Infrastructure：仮想デスクトップ）のシステムを構築して、社員が社内だけでなく外出先や自宅などから、自らの仮想クライアントを呼び出して利用する方法があります。もう1つは業務ごとのSaaS（Software as a Service）の利用です。

　VDIは大手企業などではすでに数年前から導入されてきたしくみですが、パンデミックの中で一層の強化がなされてテレワークを推進してきました。

　現在は、オフィスに行くことなく仕事をする方も増えていますが、これはDXといえるのでしょうか。

多数のシステムのクラウドへの実装

　今までオフィスで行っていた仕事を単純に自宅でも可能にしたのであれば、仕事の内容自体は大きくは変わっていません。したがって、DXではなく、システムの導入による利便性の実現です。いわゆるIT導入による効果です。

　一方、自宅から出ないで、顧客先にも行くことなく仕事が進むようになるのであれば、顧客に対してもビジネスの進め方が大きく変わることから、DXといえます。**顧客を含む外部の人間が見ても、明らかな変化と認識できることがDXらしさの1つです。**

　もちろんそのためには、さまざまな業務システムをクラウド上に実装させる必要があります（図2-12）。

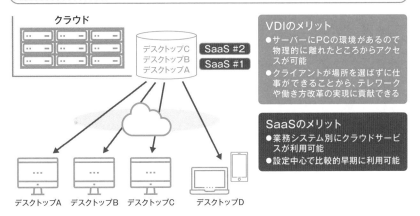

図2-11　**VDIやSaaSでテレワークを実現する**

クラウド

デスクトップC
デスクトップB
デスクトップA

SaaS #2
SaaS #1

VDIのメリット
● サーバーにPCの環境があるので物理的に離れたところからアクセスが可能
● クライアントが場所を選ばずに仕事ができることから、テレワークや働き方改革の実現に貢献できる

SaaSのメリット
● 業務システム別にクラウドサービスが利用可能
● 設定中心で比較的早期に利用可能

デスクトップA　デスクトップB　デスクトップC　デスクトップD

● VDIはサーバーに仮想化されたPCを置いて物理的なPCはそれを呼び出して表示するしくみ
● SaaSではアプリケーションごとの利用となる

図2-12　**常時テレワークをするための必須の環境**

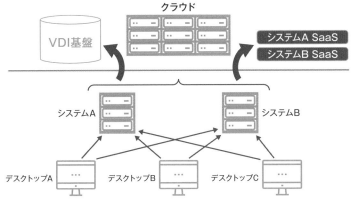

クラウド

VDI基盤

システムA SaaS
システムB SaaS

システムA　　　　　　　　　　　システムB

デスクトップA　　　デスクトップB　　　デスクトップC

システムAとシステムBがオンプレミスであったとすると、
VDIの基盤の上に両者を載せるか、似たようなシステムのSaaSを利用するかの選択となる

Point

🖉 テレワークの基盤となるしくみとして、VDIやSaaSがある

🖉 テレワークを実現しただけではDXとならないが、テレワークを通じて
　ビジネスの進め方なども変わるのであればDXといえる

≫ DXを実現するパターン

ビジネスとシステムの2軸で整理する

DXを考えるときにわかりにくいものにしているのが、DXが新ビジネスとともに語られることと、企業がこれまで提供してきた既存ビジネスの変革として語られることにあります。

さらに、デジタル技術を活用した新しいシステムという観点が加わると、一層わかりにくくなります。

これらを解決するために筆者がお勧めするのが、**新ビジネスと既存ビジネス、新システムと既存システムの4つの観点から整理すること**です。

図2-13のように、縦に既存と新ビジネスの軸を、横に既存と新システムの軸を取ります。仮にこのチャートをDXパターンと名づけます。

「新」があればDXとなり得る

DXパターンに**1-6**で解説したUberとAirbnbをプロットしています。すると、Uberは新ビジネスで新システム、Airbnbは新ビジネスで既存システム（マッチングや予約システムという意味では目新しさはない）と位置づけられます。

より新しい、例えば、近年急増しているドローンを活用した新ビジネスなどは、Uberに近い位置になります。別の例で、保険会社がドライブレコーダーを搭載して事故映像を取得してサポートするサービスなどは、ビジネスは既存の延長ですが、システムは最新のIoTシステムやクラウドを活用しています。ユーザーも変化に気づくことから、右下にプロットされます（図2-14）。映像をもとに示談交渉を進める、ユーザーが映像をスマートフォンなどから見ることもできるので、既存のサービスからの変革も実現しています。

結局のところ、ユーザーにとって新しい体験であることや、次元の異なる利便性を提供できているかどうかですが、**既存ビジネスと既存システムの組み合わせではDXと認知されることは難しいかもしれません。**

図2-13 仮称DXパターン

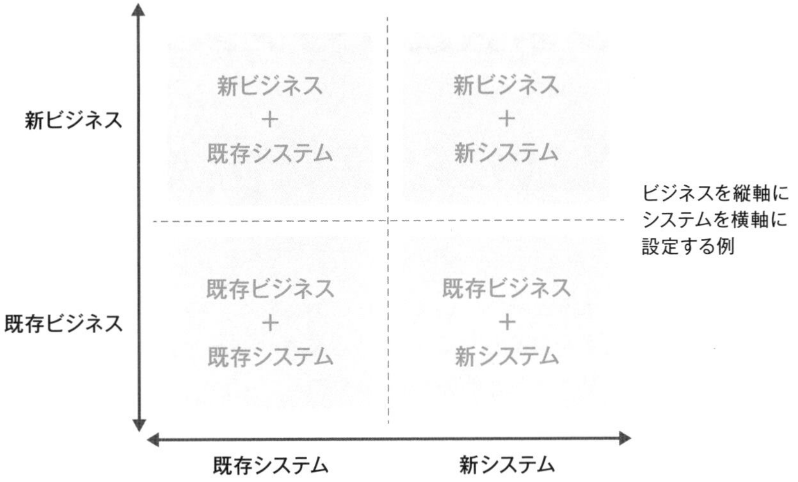

	既存システム	新システム
新ビジネス	新ビジネス ＋ 既存システム	新ビジネス ＋ 新システム
既存ビジネス	既存ビジネス ＋ 既存システム	既存ビジネス ＋ 新システム

ビジネスを縦軸に
システムを横軸に
設定する例

図2-14 DXパターンに企業の取り組みをプロットする例

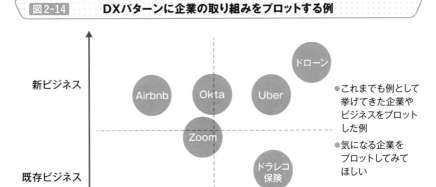

● これまでも例として
挙げてきた企業や
ビジネスをプロット
した例

● 気になる企業を
プロットしてみて
ほしい

Point

⟋ DXはビジネスとシステムの観点があるのでわかりにくいが、2軸（4つ
の観点）で整理するとわかりやすい

⟋ 既存ビジネスと既存システムの領域はDXと認知されにくい

既存ビジネスと既存システム

コロナ禍でも成長しているビジネスの例

　2-6で新ビジネスや新システムはDXと認知されやすいことを解説しました。本節ではDXから遠い領域に位置づけられる既存ビジネスと既存システムの組み合わせの領域について考えてみます。

　コロナ禍でも売上を着実に伸ばしている業界やサービスの好例として、ミールキット（料理キット）販売があります。

　ミールキットは料理の材料とレシピがパッケージとなってセットで販売されています。レシピサイトが多様化してきたことや、Instagramなどで料理写真を投稿することが日常化したなどの背景に加えて、時短や利便性を求めるユーザーや、コロナ禍で新しい体験を求めるユーザーのニーズなどもあり、着実に市場規模は拡大しています。日本能率協会総合研究所の予測では2024年には市場規模が1,900億円にもなるとされています（図2-15）。

厳しい競争環境ではDXが進められている

　ミールキットの成り立ちには諸説ありますが、ネットでの販売は2010年代初頭にアメリカの企業が発祥とされています。

　販売システムはスーパーなどでの販売やネット通販のシステムと同様であることから、ユーザーから見た場合の新しさは特にありません。しかしながら、参入企業が多く競争が激化していることと、ユーザーニーズとトレンドの分析などから、業界内では特に **MA**（Marketing Automation）ツールを活用した商品開発分野でのDXなどが進んでいます（図2-16）。

　既存の商材・サービスや確立されたビジネスで、システムも以前から同様であると、見た目には変わらないので、DXとは認識されることはありませんが、そのような領域でもDXは着実に進められています。

　厳しい競争環境にある業界であればDXは必須です。

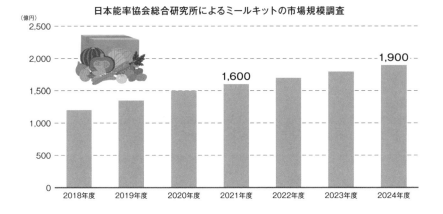

図2-15　ミールキットビジネスの市場規模

日本能率協会総合研究所によるミールキットの市場規模調査

（億円）

- 2,500
- 2,000
- 1,500
- 1,000
- 500
- 0

1,600

1,900

2018年度　2019年度　2020年度　2021年度　2022年度　2023年度　2024年度

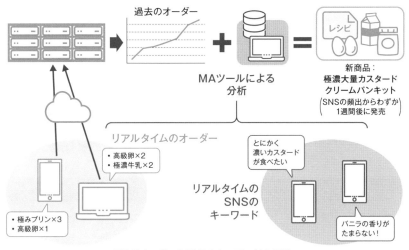

図2-16　マーケティングや商品開発分野でのDXの例

過去のオーダー

MAツールによる分析

新商品：
極濃大量カスタード
クリームパンキット
（SNSの頻出からわずか1週間後に発売）

レシピ

リアルタイムのオーダー

・高級卵×2
・極濃牛乳×2

・極みプリン×3
・高級卵×1

とにかく
濃いカスタード
が食べたい

リアルタイムの
SNSの
キーワード

バニラの香りが
たまらない！

MAがオーダーやSNSのキーワードを分析、
直ちに新商品の開発ができる

Point

- コロナ禍にあっても着実に売上を伸ばしているビジネスがある
- 既存ビジネスと既存システムの領域であっても気づかれないだけでDX
  は進められている

61

≫ 既存ビジネスと新たなデバイス

新たなデバイスによる既存ビジネスの変革

既存ビジネスに新たなデバイスを組み合わせてDXを実現している例として、損害保険会社や自動車販売会社のドライブレコーダーのサービスが挙げられます。先行するあいおいニッセイ同和損保では、ユーザーの車に同社が提供する通信機能つきのドライブレコーダーを装着して、事故の際の各種データと映像による事故の判定などをAIも活用して行っています。ユーザーからすれば、通信機能によるオペレーターとのコミュニケーションに加えて、走行映像の閲覧や走行状況の診断なども得られるようになっています。

以前は、事故の当事者や目撃者の証言をもとに示談交渉を行っていましたが、リアルタイムの映像があることで交渉が劇的に迅速化しています。また、ユーザーとしてもドライブレコーダーの実装は安心感があります。

実態はスマートフォンである通信機能つきのドライブレコーダーをIoTデバイスと考えると、実はかなり大規模なIoTシステムです（図2-17）。

このように既存のビジネスにまったく新しいデバイスを導入することでも、DXは実現できます。

デジタル技術への知見は重要

このような例は、新しいデバイスへの知見があることで可能となります。

他の近い例としては、ドローンを活用した大型設備のメンテナンスや作物の生育状況管理などがあります。これらは、デジタル技術としての新しいデバイスでどのようなことができるかがわかっていてこその例です。

DXの検討の基本は新しいビジネスや業務のデザインといわれることが多いですが、**新しい技術やデバイスに詳しい方は確実にDXの可能性を広げることができます**（図2-18）。

今からでも十分間に合うので興味のある技術から学習を始めてください。

図2-17　あいおいニッセイ同和損保の大規模なIoTシステム

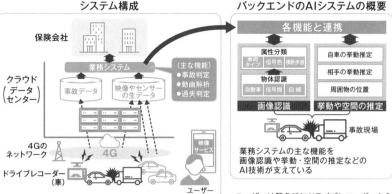

システム構成

保険会社

クラウド（データセンター）

4Gのネットワーク

ドライブレコーダー（車）

業務システム

事故データ　映像やセンサーの生データ

〈主な機能〉
●事故判定
●動画解析
●過失判定

映像サービス

ユーザー

4G

●2021年5月末現在で45万台を超える車に搭載
●国内では最も大規模なDX（IoT）システムの1つ
●ドラレコ（IoTデバイス）、4Gのネットワーク、クラウド上での業務システムで構成されている

バックエンドのAIシステムの概要

各機能と連携

属性分類
車両タイプ　信号色　横断歩道

物体認識
自動車　信号機　白線

画像認識

自車の挙動推定

相手の挙動推定

周囲物の位置

挙動や空間の推定

事故現場

業務システムの主な機能を画像認識や挙動・空間の推定などのAI技術が支えている

●ユーザーは緊急時にドライブレコーダーからオペレーターとコミュニケーションを取ることもできる
●ドライブレコーダーが取得した走行映像を閲覧することもできる

図2-18　デジタル技術への知見はDXの可能性を広げる

以前の業務（ドローンを知る前）
●人が大きなハシゴなどで点検をしていた
●危険で時間がかかることに加え、1人の判断なので信頼性が高くなかった

ドローンを活用した業務
●ドローンで点検箇所を空撮する
●短時間で複数人で映像を共有できるので信頼性も高い
●広大な敷地での作物の管理も同様

さらに思考を広げる

さらに思考を広げる

上記はドローンを動くカメラと捉えた例

動くセンサーと捉えると、音、温度など、人が行けない場所でのさまざまな測定が可能

大量のドローンを使ったメッセージ、ドローンによる花火など

Point

🖊 既存のビジネスに新たなデバイスを活用してもDXは実現できる
🖊 デジタル技術に強い人はDXの可能性を広げられる

既存ビジネスと新たなインフラ

クラウドを前提にして考える

クラウドコンピューティングを導入している企業や団体は増えています。

クラウドについては第5章で詳しく解説しますが、ITリソースを利用状況に応じて使えるだけでなく、システムへのアクセスやさまざまな機能を容易に実装できる利便性があります。

自社での利用だけでなく、ユーザーにも利用してもらうシステムであれば、今後の拡大を考えるとクラウド環境にしておくことが間違いありません（図2-19）。

2-9で紹介した保険会社のシステムなども自社とユーザーが利用するクラウドシステムの代表例ですが、**2-6**のように自社のワークスタイル変革のためにクラウドを利用することも増えています。

つまり、**既存のシステムをクラウド環境に変更するだけでもDXとなる可能性があります**。これはシステムの基盤あるいはインフラを変更することで、変革に近づく、あるいは実現する可能性が高くなる例です。

5Gという選択肢

2020年から始まった新たな通信インフラとして5Gが挙げられます。

5Gは4Gと比べて大幅に通信速度が向上することから、今まではできなかったような大容量の映像データの送受信などが可能となります（図2-20）。また、ローカル5Gのように、特定のエリアや構内で利用することもできるので、有線LANを超える性能でかつ無線の優れたネットワーク環境を容易に構築することもできます。

これまでも建設現場や医療現場などの大容量の映像の送受信に関する実証実験が数多く行われてきましたが、**早期に研究を進めれば、他社に先んじてユニークなサービスやビジネスを展開できる可能性があります**。

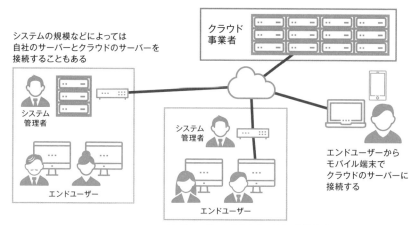

図2-19　**クラウドへの接続とシステム構成**

システムの規模などによっては
自社のサーバーとクラウドのサーバーを
接続することもある

クラウド
事業者

システム
管理者

エンドユーザー

システム
管理者

エンドユーザー

エンドユーザーから社内ネットワーク経由で
クラウドのサーバーに接続する

エンドユーザーから
モバイル端末で
クラウドのサーバーに
接続する

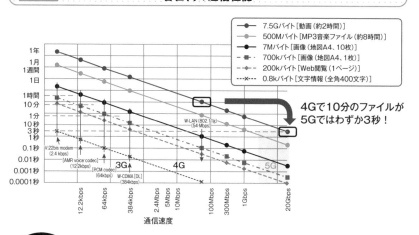

図2-20　**各世代の通信性能**

4Gで10分のファイルが
5Gではわずか3秒！

Point

- 既存システムをクラウド環境に移行することでDXの契機となる可能性
  がある
- 5Gをいち早く研究することは新たなサービスやビジネスにつながる可
  能性がある

》既存ビジネス+非常識な発想

人が動くのではなく棚が動く

　既存ビジネスに非常識な発想を加えたDXの例として、Amazon Roboticsがあります。Amazon RoboticsはAmazonの物流倉庫で、商品が搭載されている棚を運んできてくれるロボットのことです（図2-21）。

　Amazonからすれば、1日でも数時間でも早く商品を届けることが売上拡大につながります。そのための1つの施策として物流があり、長年にわたって鬼門とされていた作業員による商品のピッキングに対する変革を実現しました。

　Amazonは長年にわたる研究と、そのためにロボットメーカーのKiva Systemsを買収するなどの具体的な準備を進めてきました。これは物流業務では画期的な変革です。

固定観念に勝る非常識な発想

　それまでの物流業界の常識として、荷姿が同様で出荷頻度の高い商品では自動倉庫と呼ばれる大型の物流機器が、小さい商品は作業員が商品棚からピッキングするものとされていました。Amazon Roboticsでは、**人が動くのではなく、逆に棚が人に向かって動いてくる**ので、大幅な時間の短縮となるだけでなく、ピッキングのミスもほとんどありません。

　長年物流業務を経験している人材であるほど、自動倉庫と作業員の動き、そしてそれらを支えるシステムをアートのように巧みに操ります。そのため、棚が動いて人に向かってくるような発想は持つことはできませんでした。いわゆる固定観念があったわけです（図2-22）。

　このような非常識な発想は誰もが持てるものではありませんが、折に触れて考えることでDXにつながります。

　例えば、物流倉庫のように広大なスーパーマーケットなどであれば、商品棚と商品が顧客に向かってやってくるようなことも実現できます。

　新しい経験を求める顧客で売上が一気に増えるかもしれません。

図2-21　**Amazon Roboticsの概要**

Amazon Roboticsはロボットが商品棚を運んでくる！

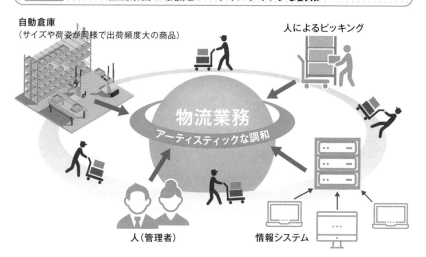

図2-22　**物流業務の常識とアーティスティックな調和**

自動倉庫
（サイズや荷姿が同様で出荷頻度大の商品）

人によるピッキング

物流業務
アーティスティックな調和

人（管理者）　　　情報システム

- 物流（倉庫内業務）は、プロの間では、自動倉庫、人によるピッキング、情報システム、管理者のアーティスティックな調和が生み出す世界とされていて、それでうまくいっていた
- そのため、人によるピッキングをなくすという発想はなかった

Point

- 人が動いて棚に向かうのが当たり前のところを、棚が動いて人に向かってくるという発想は画期的
- 非常識な発想はDXにつながるので「逆」の動きや立場で考えてほしい

≫ 顧客とのつながりの重要性

個客からさらに深いつながりへ

マーケティングの世界では以前から顧客と個客という言葉が使い分けられています。顧客は対象となるビジネス全体のお客さま、個客は個人や世帯、1企業などの最小単位のお客さまを指します。

近年は個客の解釈をさらに深めた形で、**カスタマーエンゲージメント**がいわれています。カスタマーエンゲージメントは顧客や個客と事業者との深い関係性を意味します。

現在はリアルの店舗やコールセンター、Webサイトでの対応などに加えて、SNSやWebでの個人向けの広告、スマートフォンのアプリなど、さまざまな顧客接点があります。そのようなさまざまな接点を緊密に連携させて、同じサービスレベルでユーザーに提供できるようにすることは**オムニチャネル**と呼ばれています（図2-23）。

新たな顧客接点はDXにつながる

例えば、これまではリアル店舗とWebサイトでビジネスを行ってきた企業が、カスタマーエンゲージメントの強化や拡大を図るために、SNSやスマホアプリを導入して顧客にアプローチをするとすれば、これまでにない顧客接点の提供であり、新たな顧客層の開拓や売上拡大にも直結する可能性があります。DXにもつながります。

しかしながら、SNSで注目されているワードとシステムとを連携させる、あるいはWebで告知した商品が店舗で確実に提供されるなどのように、**新しいしくみの追加や既存のしくみへの変更が不可欠**となります（図2-24）。

顧客とのつながりの強化や新たな顧客層の開拓を目指す取り組みは、新たな挑戦ですが確実にDXにつながります。

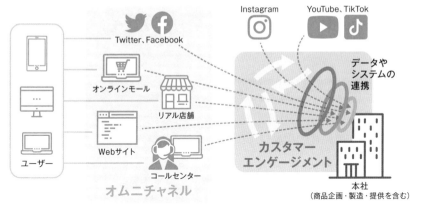

図2-23　カスタマーエンゲージメントとオムニチャネル

- できる限りの顧客接点を活用して購入を意識させずに増やすオムニチャネル戦略
- オムニチャネルを使って顧客との関係性を深くするカスタマーエンゲージメント
- マーケティングシステムに加えてAIや大量のデータ分析などが支えている

図2-24　顧客接点との連携やしくみの強化

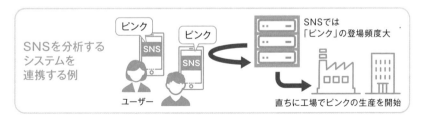

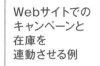

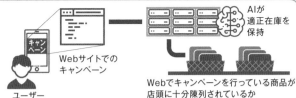

新たな顧客接点の実現に向けてはシステムの追加や変更は必須

カスタマーエンゲージメントに取り組むことはDXにつながる可能性がある

» 自治体や都市にも広がるDX

政府による未来社会の具現化

1-11で政府の未来社会に向けた取り組みについて解説しました。それを**都市などの具体的な単位で実現するために**スーパーシティ構想があります。

スーパーシティ構想は、内閣府が推進する未来型都市構想で、さまざまな産業分野のデータを連携させるとともに、AIやIoTなどのデジタル技術を活用して、地域の住民が健康で安心・安全に生活できる街作りを目指しています（図2-25）。

2020年5月の国家戦略特別区域法の一部改正法（スーパーシティ法とも呼ばれる）によって成立しています。いわゆる国家としての戦略特区として、モデル地域でのスーパーシティの実現を内閣府が後押しします。

スーパーシティは先進的なしくみ

スーパーシティ以前にスマートシティ構想が存在しています。

スマートシティでは、交通やエネルギーなどの産業分野でのデジタル化が主体でした。スーパーシティでは、さらに住民の健康や安全などの住民の視点が加わり街全体としての観点やスーパーシティ同士をつなぐなどの未来社会の実現に向けたロードマップにもなりつつあります。

しくみとしては、AIやIoT以外にも、**それぞれのスーパーシティのシステムをAPIで接続して、別のスーパーシティに行っても同様なサービスが提供できることを目指す**などの、データ連携が基盤となります（図2-26）。

確かにこのようなことができれば、個々のスーパーシティのエリアではDXの実現となり、全体として連携できれば未来社会に突入します。

かなりの数の自治体がスーパーシティの検討や準備を進めています。自社の動きとともに関係の深い地域の取り組みも見ておく必要があります。

図2-25 .... **スーパーシティ構想の概要**

- 次のような領域（少なくとも5領域以上など）を広くカバーし、生活全般にまたがる
  ①移動 ②物流 ③支払い ④行政 ⑤医療・介護 ⑥教育 ⑦エネルギー・水 ⑧環境・ゴミ ⑨防犯 ⑩防災・安全
- 2030年頃に実現される未来社会での生活を加速実現する
- 住民が参画し、住民目線でよりよい未来社会の実現がなされるよう、ネットワークを最大限に利用する

出典：内閣府「スーパーシティ構想について（説明資料）」をもとに作成

図2-26 .... **スーパーシティの核となるデータ連携基盤**

スーパーシティは、さまざまなデータを分野横断的に収集・整理し提供する「データ連携基盤」を軸に、地域住民などにさまざまなサービスを提供し、住民福祉・利便向上を図る都市

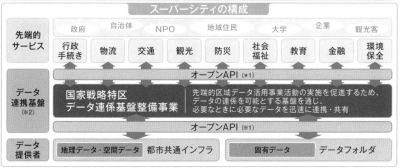

※1 API : Application Programming Interface　※2 データ分散方式を推奨。必要に応じてデータ蓄積も許容

出典：内閣府地方創生推進事務局『「スーパーシティ」構想について』
URL：https://www.chisou.go.jp/tiiki/kokusentoc/supercity/supercity.pdf

Point

- 都市や街などの具体的な単位で地域のDXを目指すスーパーシティ構想がある
- スーパーシティ同士をAPIでデータ連携するなどの先進的なしくみを目指している

やってみよう

DXの2つの進め方

　ご自身がCEOやCDOになったつもりで、所属する企業や団体、あるいはそれらの中の組織においてDXを進めるときに、次の❶・❷のどちらの進め方が適しているか考えてみましょう。**2-1**や**2-2**を参考にして、実際に書き出してみてください。

❶**基幹のビジネスや業務を対象とする**

> ビジネスまたは業務名：

※もちろん活動期間は長期間にわたる前提

❷**中小規模の業務やビジネスから始めて順次展開する**

> 最初の対象：
>
> 次の対象：

※最初の1つだけでなく2つ目も想定するのがポイント

DXありきの思考法は危険

　ここでの考え方のポイントはDXをやりたい、そのために対象領域はこれにするというDXありきの考え方ではなく、この領域は変革をしなければならない、そのためにDXがあるなどのように考えた方がわかりやすいということです。

　このような考え方は実際のDXに取り組む際にも、改めて自問自答してみてください。

　必要がないところで無理に進めようとするとうまくいかない可能性があります。

DXを実現する
フロントエンドのデジタル技術
~AI・RPA・IoTデバイス~

≫ DXのフロントエンドを支える技術

フロントエンドの技術の例

DXに関しての概要が整理できたところで、顧客接点や各種データ取得の基本となるフロントエンドの技術について解説します。

1-8ではシステムを物理的に3階層で整理しましたが、デバイスにはさまざまなものがあります。**DXで利用されることの多いフロントエンドの技術は、次のようにソフトウェアとデバイス（ハードウェア）に分かれます**（図3-1）。

- **ソフトウェア**

  AI、RPA、Webアプリ（第4章で解説）などがあります。
- **デバイス（ハードウェア）**

  デバイスには、多くの機能を備えていて1台で簡易なシステムとなり得るスマートフォンやPL、ロボット、ドローンなどもあれば、IoTセンサーやカメラ、無線を利用するGPS、ビーコン、RFID、ARやVRのゴーグルなどのようにシステムの一部として利用されるものもあります。

デバイスについての知識があると、動く人やモノを対象としたダイナミックなシステム、あるいはDXが実現できます。

人の能力をしのぐデバイス

センサーや無線を利用するデバイスなどは、人の五官を超える能力を持っています。カメラを搭載したドローンなどでも、人の視力のはるか先を見ることができます。さらに人の五官では不可能な、遠くにあるモノが動いた・動かない、どこにあるかなどを把握することもできます（図3-2）。

つまり、人間ではできないことができるデバイスを利用すると、DXの実現は近いともいえます。

図3-1 DXで利用されることの多いフロントエンドの技術

● 一般的に認知されつつあるDXのフロントエンドの技術
● 業界や業種あるいは業務などで利活用に差はある

ソフトウェア

AI　RPA　Webアプリ

デバイス（ハードウェア）

スマートフォン　PC　ロボット　ドローン

IoTセンサー　カメラ　GPS　ビーコン　RFID　ARやVRのゴーグル

図3-2 人の五官を超える能力の例

事務所

8番　工場A棟

Aさんは事務所の近くにいる

フォークリフトの8番は工場A棟の近くにいる

無線を使うと肉眼では見えないところにいる
人やモノの所在地や動いた・動かないなどがわかる

ドローンはどこへでも簡単に行けて
画像を取得できる

文書0019はこの箱のこのあたりにある！

別の例では、ほしい書類がすぐに見つけられたりもする

アイデア次第で
さまざまなことができる
可能性がある・広がる

Point

✐ DXとして顧客接点や各種のデータ取得で利用されるフロントエンドの技術は、ある程度決まりつつある

✐ センサーや無線を利用するデバイスなどは人の五官をはるかに超える能力を持っている

» AIの基本

機械学習とディープラーニング

1-8でAIはフロントエンドでもバックエンドでも使われる技術であることを述べました。本節ではAIの基本について解説をしておきます。

AI（Artificial Intelligence：人工知能）の歴史は古く、1950年代後半から研究が進められてきました。一般に知られるようになったのは1990年代後半以降のチェスや将棋などでの人間とAIとの対局などからです。

代表的な技術として、機械学習とディープラーニングがあります（図3-3）。

機械学習はAIがサンプルとなるデータを反復して解析し、データを整理するルールや判断基準などをモデルとして構築します。そして、処理が必要なデータに対して構築したモデルを適用して処理を実行します。

ディープラーニングは、膨大でさまざまなデータから自律的に特徴を学習する人間の脳に近い形で処理を実行できます。前者は測定できる特徴である「特徴量」を人間が示して、後者は特徴量の抽出もAIが行います。

AIの利用シーン

AIは、主に次のようなシーンで活用されています（図3-4）。

❶画像を解析して分類・判断する
❷データに対して可否や分類を判断する
❸特定の商品やサービスに関する問い合わせへの対応
❹簡単な会話を行う
❺過去のデータから将来起こり得ることを予測する

上記の❶と❷はフロントエンドで実装されることもあります。

次節ではフロントエンドでのAIの実装について見ておきます。なお、バックエンドでの実装については**6-11**で解説します。

図3-3　機械学習とディープラーニングの違い

機械学習

人が特徴量を設計・
定義

データ入力

AIが入力データ
をもとに学習

ディープラーニング

特徴量

バナナを例とすると、
●黄色い
●長さ20cmくらい
などのように
測定できる特徴

AIが特徴量の抽出も自ら行う
※データ入力がシステム化されていなければ
　人が行う

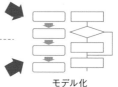

モデル化

図3-4　AIの利用シーンの例

❶画像を解析して分類・
判断する

❷データに対しての
可否や分類を判断する

注文番号は
何番ですか

❸特定の商品や
サービスに対する
問い合わせへの対応

おはよう！

オハヨウ
ゴザイマス

❹簡単な会話を行う

今が
売りどき！

❺過去のデータから
将来起こり得ることを予測する

Point

✐AIの代表的な技術として機械学習とディープラーニングがある
✐AIの利用シーンは、データの分類や判断、あるいは会話などのようにある程度見えてきている

» AIのフロントエンドでの実装例

フロントエンドでの実装の一例を知っておく

AIのフロントエンドでの実装例としては、ロボット、スマートフォン、IoTデバイスなどのデバイスへの実装が挙げられます。デバイス内の処理で完結することもあれば、デバイスで処理した結果をネットワーク経由でサーバーに送信することもあります。

本節では、IoTデバイスやカメラで画像を取得して、AIが画像を読み取って人間かどうかを判定する例で見ておきます。

フロントエンドでの簡単なシステム構成例は次の通りです（図3-5）。

- Raspberry Pi（マイコン。LinuxOS、Pythonなどを内蔵）
- カメラモジュール（デジタルカメラ）
- 人の画像を認識するAIプログラム

利用シーンとしては、人が商品の前にいる≒売れ筋商品になる可能性がある、車が所定の駐車位置にある≒帰ってきたから使える、役員が自席に戻った≒相談ができる、などのようにさまざまです。

OSSやオープンデータを利用する

この例では、AIについては、ソースコード管理サービスのGitHub（ギットハブ）で公開されている、人間の顔を認識するOpenCVのサンプルデータを利用しています。利用するサンプルはカスケード型分類器と呼ばれていますが、顔の向きやパーツごとに（カメラの位置に合わせて選ぶ）分かれています。さらに学習済みのデータ（ライブラリ）もダウンロードしてコードを書きます（図3-6）。

これはあくまでも一例ですが、**パターン化されているAIの利用シーンでは、OSSやオープンデータを活用して短時間での開発が進められています。**

図3-5　IoTデバイスでの構成例

Raspberry Pi（マイコン）

- Raspberry Piは通称ラズパイと呼ばれているLinux OSを搭載したマイコンで、イギリスのラズベリーパイ財団が開発
- IoTシステムなどではよく利用されているが、超小型のLinux PCと考えるとわかりやすい
- ここに人の画像を認識するAIプログラムを実装するが、ラズパイにPythonがインストールされているので、図3-6のようなPythonのプログラムを開発して実装すればよい

商品と
商品棚

顧客

カメラモジュール（デジタルカメラ）

Raspberry Piは幅6cm前後と
小さいが（専用ケースあり）、
モニターを接続すると
極小のLinux PCのように利用できる

図3-6　Pythonでのコーディングの例

- カメラの設定をした後でOpenCVのデータを利用している
- cv2.xxはOpenCVの関数

```
# -*- coding: utf-8 -*-
import picamera
import picamera.array
import cv2

# 【ここから・カメラ準備】最初にカメラを初期化します
with picamera.PiCamera() as camera:
    # 次に、リアルタイムで画像を取得できるようにします
    with picamera.array.PiRGBArray(camera) as stream:
    # 【ここまで・カメラ準備】最後に、解像度の設定をします
    camera.resolution = (512, 384)

    while True:
        # 【ここから・AI関連】準備・OpenCV に合わせて色の並びを BGR の順にします
        camera.capture(stream, 'bgr', use_video_port=True)
        # 準備・検出を効率的に実行するために画像を白黒にします
        gray_image = cv2.cvtColor(stream.array, cv2.COLOR_BGR2GRAY)
        # 実行・顔を検出するために学習データを読み込みます
        cascade = cv2.CascadeClassifier('./haarcascades/haarcascade_frontalface_default.xml')
        # 実行・まさに顔の検出を実行します
        face = cascade.detectMultiScale(gray_image, scaleFactor=1.2, minNeighbors=2, minSize=(100, 100))
```

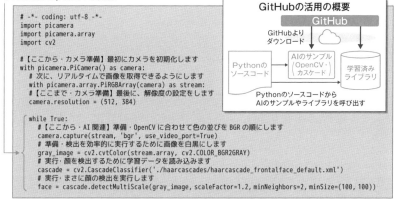

GitHubの活用の概要

GitHub

GitHubより
ダウンロード

Pythonの
ソースコード

AIのサンプル
（OpenCV・
カスケード）

学習済み
ライブラリ

Pythonのソースコードから
AIのサンプルやライブラリを呼び出す

この後に、検出結果後の処理などを加えていくが、基本的な機能や部品はGitHub経由でダウンロードできるので、デバイスへの実装も含めて短時間で画像認識のシステムの開発が実現できる

Point

- AIという言葉だけでなく、実際にどのようにしてAIを実装するか、一例であっても知っておきたい
- デバイスへのAIの実装には、AIプログラムと学習データが必要だが、実際にはOSSやオープンデータを利用することが多い

≫ RPAの基本

RPAの概要

RPA単独では事務の効率化などにとどまりますが、AIやその他の技術と組み合わせると、劇的な自動化が進むのでDXにもつながります。本節でRPAの基本について解説をしておきます。

RPAはRobotic Process Automationの略称で、人間が操作するソフトウェアを対象として、定義された処理を自動的に実行するツールです。

RPAは複数のソフトウェアの集合体で、主に次の4つのソフトウェアから構成されています（図3-7）。

- ●ロボットファイル
- ●実行環境
- ●開発環境
- ●管理ツール

主流としては、サーバー側に管理ツールと複数のロボットファイルを配備して、各PCから仮想的にロボットファイルを呼び出して実行する構成です。

RPAの導入効果

RPAはパターン化されているPC作業などで大きな効果を発揮しますが、導入効果は図3-8のように4つの効果があり、**企業や組織での取り組み方でそれぞれのウエイトは変わってきます。**

劇的な自動化を達成するという観点では、RPAに加えて、AI、OCR、BPMSなどのその他の技術との組み合わせが必要です。このあたりは第8章で解説します。

次節ではフロントエンドで意識するRPAの導入と開発の進め方や、製品によるロボットファイルの開発方法の違いなどを見ていきます。

図3-7　RPAのシステム概要

4つのソフトウェアの概要

ロボットファイル
ソフトウェアロボットとして定義された動作を実行する

実行環境
ロボットファイル専用のランタイムで、ロボットファイルを実行させるためのプログラム

開発環境
ロボットファイル専用の開発環境

管理ツール
ロボットファイルをマネジメント、稼働の開始・停止、スケジュールなど

RPAのシステム構成

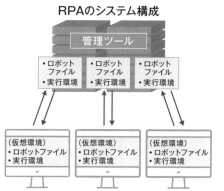

仮想環境でサーバーに管理ツールと複数のロボットファイルを配備する例

図3-8　RPAの導入効果は4つの効果の組み合わせから生まれる

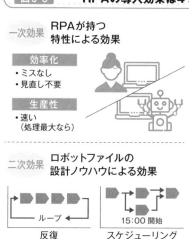

一次効果 RPAが持つ特性による効果

効率化
・ミスなし
・見直し不要

生産性
・速い（処理最大なら）

二次効果 ロボットファイルの設計ノウハウによる効果

ループ / 反復

15:00 開始 / スケジューリング

三次効果 システム構成や連携するシステム全体としての効果

デスクトップ単体　　サーバー・クライアント

入力　照合　判断
スキャナー → OCR → RPA → AI

四次効果 対象業務の見える化や分析によって業務を改善する効果

業務改善をしよう

見える化・業務分析

業務A　反復処理のここに導入しよう

業務B　大量処理のここに導入しよう

Point

✎ RPAという言葉だけでなく、どのようなソフトウェアか知っておきたい
✎ RPAの導入効果は企業や組織での取り組みの姿勢で変わってくる

》RPAのフロントエンドでの実装

稼働までのステップ

　組織においてRPAを取りあえず使ってみるのであれば、稼働までには次のステップがあります（図3-9上）。

- 開発環境の構築
- **ロボットファイルの設計と開発**
- 実行環境の作成
- 管理ツールでの設定

　システムやソフトウェアとして捉えると上記の形ですが、それらを含んだ業務という大きな視点で見ると、図3-9下となります。対象領域の確定や整理までにはそれなりの時間を要します。

フロントエンドでの開発方法

　対象領域同様、ツールや製品の選定も悩ましい問題です。

　違いが出るのは、ロボットファイルの開発方法と管理ツールがその他のしくみとどのように連携するかです。

　フロントエンドでの開発方法は、画面を認識してその遷移をもとに記録していくタイプ、Windowsオブジェクトをもとに定義するタイプ、操作フローやプログラミングで進めていくのに向いているタイプなどがあります（図3-10）。

　さらに、管理ツールがOCRと連携しているか、BPMSと連携しているか、などは、自動化の全体設計に影響を及ぼします。

　つまり、**RPAだけで考えるなら開発方法や仕様でマッチするものを選ぶことが可能ですが、他のツールまで含めた自動化であれば、他のツールの選定による影響を受けます。**

| 図3-9 | ロボットを開発するステップと導入全体のプロセス |

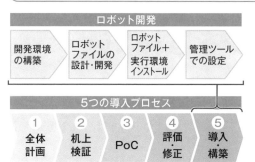

ロボット開発

| 開発環境の構築 | ロボットファイルの設計・開発 | ロボットファイル＋実行環境インストール | 管理ツールでの設定 |

ロボットを開発するステップ
- 開発環境の構築に始まり、ロボットファイルの設計・開発、インストールや設定へと進む

5つの導入プロセス

| 1 全体計画 | 2 机上検証 | 3 PoC | 4 評価・修正 | 5 導入・構築 |

RPAを導入するプロセス
- 大きくは5段階で、戦略を含めた全体計画、机上検証、PoCなどを経て進められる

RPAは当初は各業務の自動化を目指すことが多かったが、近年は、アプリや業務間の連携の自動化を目指すことが増えている

| 図3-10 | 開発手順の例 |

■ **画面キャプチャタイプ**
- デスクトップで人間が操作している画面を認識して記録させる方式
- メインとなる操作で大枠のグループの定義をしてから詳細を定義して進めていく

例：WinActor

アプリケーションA　アプリケーションB
❶メインとなる操作で大枠のグループを定義　❷変数などを活用して詳細を定義

■ **オブジェクトタイプ**
- Windowsオブジェクトを選択して定義を進めていく
- Projectの中の変数（例：Type）を定義して、それらがどのように流れていくかをRobotとして定義して進めていく

例：Kofax RPA

アプリケーションA　アプリケーションB
Solution ─ Robot / Type

■ **プログラミングタイプ**
- 大きな意味ではオブジェクトだが、プログラミング言語を活用して定義するイメージに近い
- .NET FramworkやVB、C#、Javaなどが活用できる
- アプリAのProjectとアプリBのProjectをそれぞれ作成してAutomationに各Projectから部品を配置する

例：Pega

アプリケーションA　アプリケーションB
Solution ── Project ─ ❶ アプリケーションA / アプリケーションB / Automation ❷

- ロボットファイルの開発には上記のような特徴があるが、基本的には、画面キャプチャ、オブジェクト、プログラミングの中の複数のタイプに対応ができている
- 製品によっては、設計と開発を操作フローをもとに一緒に行うタイプもある

Point

- ✎ RPAにはロボットファイルの設計と開発が不可欠でステップはおおむね決まっている
- ✎ RPA単体で考えるか、その他のツールも含めて自動化を検討するかで、ツール選定は変わってくる

» 最大・最多のデバイスである スマートフォンを忘れない

スマートフォンの上陸から現在まで

　現在、人（ユーザー）が利用する端末としてはスマートフォンが最上位の地位にあります。

　もともとは2008年に iPhone と Android 携帯が上陸したところに始まり、2010年のiPadやAndroidのタブレットの発売などを通じて、現在に至っています。もちろん主に日本国内中心でしたが、1999年に始まったiモードサービスのようなそれらの普及につながるしくみもありました。このような変遷とデバイスのシェアなどを整理したのが図3-11です。

　特に、Webなどの開発側からすれば、現在のスマートフォンとPCの二強時代を迎えるまでは、多種多様なガラケーを含む端末によってブラウザが異なることから、それらに応じてWebページを動的に変えていくという大変な時期がありました。現在は端末自体もある程度同じようになってきたことや、ブラウザを利用する場合には、レスポンシブWebデザイン（**4-4**参照）での対応が標準となりつつあります。

スマートフォンで同じことはできないの？

　ここでスマートフォンを取り上げているのは、デバイスとして、さまざまなセンサーが搭載されていることと、それらと連携したアプリケーションソフトも多様な対応ができているということです。

　DXのフロントエンドの技術やデバイスを考えるときに、「**スマートフォンで同じことはできないの？**」「**スマートフォンで実行する場合と何が違うの？**」という**観点は持っておくとよい**でしょう（図3-12）。

　人が持つという意味では、**最も機能が豊富なデバイスであることから、技術的な観点、実現性と現実感、ビジネスなどのさまざまな視点で、スマートフォンとの比較や違いを理解できるようにしておきましょう。**

図3-11 スマートフォンの変遷とWebのデバイスのシェアなど

スマートフォンの変遷と開発側の状況

1999	2008	2010	2021
iモードサービス開始	iPhoneとAndroid携帯が上陸	iPadやAndroidのタブレットが発売	

〈参考〉
●SONYのXperiaシリーズの変遷
●国産メーカーは以前と比べると減ってしまった

2010年	2013年	2016年	2019年
Xperia	Xperia Z	Xperia Z	Xperia 1
画面3インチ	5インチ	5インチ	6.5インチ
カメラ800万画素	1,310万画素	2,300万画素	1,220万画素

開発者にとって大変な時期

●端末とブラウザの種類が多くて大変
●端末とブラウザに合わせてページを変更していた
●PC用と携帯、スマートフォン用でURLを分けるか、スマートフォン専用などのページがあった

以前と比較すると落ち着いた

●同じような仕様の端末と少なくなったブラウザ
●割り切って画面サイズを中心に変更すればよい

図3-12 フロントエンドの技術とデバイスを考える際に

「スマートフォンで同じことはできないの?」
「スマートフォンで実行する場合と何が違うの?」を常に考えよう!
　　意外と簡単にできてしまったりする

PCやサーバーにAIを搭載する処理

スマートフォンにAIを搭載する処理

人工衛星(GPS)
工場A棟

工場の敷地内のフォークリフトにGPSセンサーを装着してWi-Fiで位置情報を送っている

ロボットによる接客

スマートフォンにロボソフトを搭載する処理

スマートフォンには
・GPSセンサー
・Wi-Fi
の両方が入っている、代替できないか

Point

🖉 DXのフロントエンドの技術やデバイスを考えるときに、スマートフォンではできないの、何が違うのという視点は常に持っておく

🖉 スマートフォンは人が持つ、最も多機能なデバイスであり、変遷や動向について気をつけて見ておくこと

人やモノの何を認識する、どんなデータを取得するか?

対象は何か、動きとともに

人やモノが何であるかを見た目の外観から識別するデバイスとしては、**デジタルカメラ**や**カメラモジュール**が代表的なものです。動きの有無を認識することもできます。カメラはさまざまな形状と大きさがあります。

特別な強度を求めないなどの場合であれば、図3-5のように安価なカメラモジュールを利用することもあります。カメラもそうですが、デバイスの存在の有無を知っているか、知らないかでシステムの実現性が左右されることもあることから、本書を通じて感性を磨いてください。

ドローンなどもカメラが搭載されていることで性能が発揮されます。同じように重要なのは、**3-3**で解説したような画像認識のプログラムです。こちらは、現在はAIを活用するのが主流となっています。カメラはハードウェアとして画像を取得しますが、取得した画像の中の対象は何か、対象が動いた・動かない、あるいは出現したといった判断はソフトウェアの仕事です。

画像か無線か?

動きに関して考えるときに、仮に人やモノなどにデバイスを装着してもよいのであれば、GPSやビーコンセンサーなどの**無線デバイス**を利用することもあります。GPSは絶対的な測位で、ビーコンセンサーは前にいた場所から動いた・動かないなどがわかります（**3-8**・**3-10**参照）。カメラによる画像や映像の取得とはまったく異なるしくみです（図3-13）。

カメラを使う利点としては、対象に特別な装置を持たせる必要がないことです。また、ハード・ソフトを含めて普及が進んでいるので、システムへの利用が容易であることが挙げられます。図3-5で画像認識のAIは意外と難しくないことをお伝えしましたが、温度測定などでも画像認識を活用できます（図3-14）。**先入観にとらわれない柔軟な思考が重要です。**

図3-13　動きを画像や無線などのいずれで捉えるか

人の移動（動き）の例

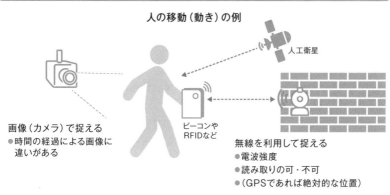

画像（カメラ）で捉える
- 時間の経過による画像に違いがある

ビーコンや
RFIDなど

人工衛星

無線を利用して捉える
- 電波強度
- 読み取りの可・不可
- （GPSであれば絶対的な位置）

※3-10で解説するように自ら動いた情報を送信する方法もある
※実際に人を対象とする場合には、個人情報保護の観点から個人が特定できないような措置を検討する必要がある

図3-14　オーソドックスな方法とその他の方法の例

オーソドックスな温度データの取得
（温湿度センサーを利用する）

289.65

温湿度センサー

- 温湿度センサーからWi-Fi、BLE、有線LANなどでデータを上げる
- この例では、Kelvin（ケルビン）の289.65〈289.65−273.15＝16.5（摂氏・セルシウス）〉をそのまま送信しているので、サーバー側で摂氏に変更する

画像認識を利用した温度データの取得
（画像認識AIを利用する）

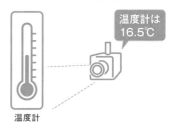

温度計は
16.5℃

温度計

- 図3-6で紹介したような画像認識を利用する
- カメラの画角などの調整は必要だが、条件によっては温湿度センサーよりもやさしい可能性がある

Point

- 人やモノの動きに対しては、画像や映像の取得で対応するだけでなく、無線デバイスを活用するアイデアもある
- 画像認識はさまざまなシーンで活用できるので常に選択肢に加えておくこと

≫ 無線での測位①
GPS

位置や動きを捉えるセンサーの代表

GPS（Global Positioning System：全地球測位システム）は、**位置や動きを捉えるセンサーの代表的な存在**です。

人工衛星から発信される信号をもとにして現在地を算出するセンサーで、スマートフォンやカーナビ、ドライブレコーダーなどでも使われています。

図3-15の上は広大な工場の敷地内を走るトラックやフォークリフトにGPSセンサーを設置して、それぞれに行き先の指示を出すシステムの例です。

センサーが出力する主なデータは経度と緯度で、その他には、GPSセンサーのIDや時刻データなどがあります（図3-15下）。**センサーが出力するデータを、何がどのように受け取るか**が活用のポイントです。

一般に販売されているGPSセンサーのデータを取得する間隔は、100ミリ秒などを基準として、調整ができるようになっています。

基本構成とデータの形式

GPSは人工衛星が無線を発信して、センサーが受信する関係ですが、この後解説していく無線のデバイスは、基本的に同様な構成になっています。

GPSは周波数帯が1575.42MHz（民間用）で、他の無線デバイスとの電波の干渉はほぼありません。人工衛星からの無線波が捕捉できれば利用可能なので、主に屋外での利用に向いています。

例えば、GPSセンサーが取得して送信するデータは、図3-16のような内容です。この例はXML形式ですが、テキスト形式であれば、他にJSONやCSVなどがあります。

実際に利用する可能性があるデバイスについては、具体的なデータの項目や内容の例を見ることで、やりたいことに適しているかが理解できます。

図 3-15　GPSセンサーの利用例と出力データなどの概要

GPSセンサーによる位置の捕捉の例

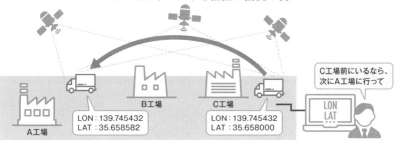

GPSセンサーで取得した位置情報をWi-Fiで工場や事務所に伝える例

GPSセンサーの出力データの例

出力データの例	LON（Longitude：経度）：139.7454316 LAT（Latitude：緯度）：35.6585840
データ取得のタイミングと間隔	100msごとなど
周波数帯	1575.42MHz（民間用）
標準規格	対応衛星ならびにNMEA0183など

出力データ、取得のタイミングなどを押さえておく

図 3-16　GPSセンサーが送信するデータの例

●XML形式での例
●利用する候補となるデバイスは具体的にどのようなデータを取得して送信するか見てほしい

```
<?xml version= "1.0" encoding= "UTF-8" ?>
<name>GPS-0010 DataLog 2021-10-10</name>
<kpt lon= "139.7454316 "lat=" 35.6585840" >
<time>14:01:59</time>
</kpt>
...
```

●この例では、2行目のGPS-0010がGPSセンサーのID、最も重要なデータは3行目の
lonとlat、さらに4行目に時刻データが続いている

Point

🖉 位置や動きを捉えるセンサーの代表としてGPSがある
🖉 センサーが出力する具体的なデータなども理解しておこう

無線での測位②
RFID

システムとしての構成

RFIDは、Radio Frequency Identificationの略称で、**電波を用いて非接触でデータキャリアを自動認識する技術**です。データを保存するICタグとデータの読み書きをするリーダライター、アンテナ、PCなどで構成されます。

メモリ機能があるICチップと小型のアンテナがICタグに埋め込まれていて、リーダライターと無線で通信して、IDの識別やデータの読み書きを行います。システム構成としては、図3-17のように大きく2種類で、ICタグ自体の種類も用途に応じてさまざまにあります。

近年、アパレルなどでは、バーコードの代わりにICタグを利用する店舗が増えていますが、物理的な動きに対しての自動化が実現できます。

バーコードをスキャンする動作をすることなく、自動的に作業を進められることから、今後もさまざまなシーンでの活用が想定されます。

面白い使い方もある

アパレルでは、ICタグに商品コードなどを入れることや、工場や物流センターを含めて無線での検知を活用した利用シーンが多いです。また、文書を入れたファイルにICタグを貼って、リーダライターが読み取ると、文書の保管場所がわかるような使い方をしている例もあります。さらに、安価な入退場管理システムとしても利用されています（図3-18）。

つまり、RFIDは**3-10**で解説するビーコンなどと同様に**アイデア次第でさまざまな可能性があるシステム**ということです。このようなシステムをDX実現の選択肢に加えられると、物理的なモノの情報や動きに対しても対応が可能です。

なお、ICタグとリーダライターの規格が合っていないとデータの読み書きができないので、活用の際には確認が必要です。

図 3-17　RFIDのシステム概要

RFIDのシステム構成

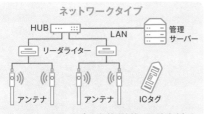

ネットワークタイプは店舗（精算、万引防止）や
工場の生産管理などでよく使われる

ハンディタイプは店舗での在庫管理など
でよく使われる

RFIDの種類と出力データの例

出力データの例	ID：GMT00003 ユーザーメモリ領域：ISBN9784798054285
データ取得のタイミング	通信範囲内に入ったとき、または読み取り命令があったとき
周波数帯	13.56MHz、UHF帯（915〜930MHzの一部）2.4GHzなど
通信距離	数十cm〜5m程度
通信速度	40〜200Kbps
通信間隔	100ミリ秒前後
標準規格	ISO18000-63、ISO18000-6 TypeBなど

図 3-18　一般企業でのRFIDの利用シーン

アパレルなどでの
レジでの精算

アパレルなどでの
レジでの万引防止

工場や物流センターでの
商品のプロセス管理

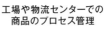

文書管理としての利用

文書0019は
この箱の
このあたりにある！

入退場管理としての利用

Point

✐ RFID は IC タグとリーダライターで近距離のデータの読み書きができる

✐ 店舗での精算や在庫管理以外にも、さまざまな利用シーンがある

無線での測位③ ビーコン

電波の強度で位置を知る

無線を使った移動や位置がわかるデバイスとしてビーコンがあります。ビーコンは、電波を発するビーコンデバイス（発信器）と、電波を受信して電波の強度を示す受信側のビーコンセンサー（レシーバー、受信器）とで位置や距離を検出します。人の位置や動きの検出で利用されることが多いです（図3-19）。**人の動きの把握がDXにつながるのであれば候補となり得るデバイスです。**

アップルのiBeaconのような小さいデータ量で情報発信をするような新しい使い方も登場しています。

iBeaconは、店舗の入り口や外壁などにビーコンデバイスを設置して、その前を通るiPhoneユーザーに店舗の情報などを送信するしくみです。

どちらを送信・受信側にするか?

ビーコンは、実は1つのビーコンに対してセンサーn、あるいはm：nでも対応可能です。やりたいことに応じて数量のバランスを変えます。

企業内などであれば、ビーコンセンサーを持った人が、前を通った、このあたりにいるといったことを把握します。トイレや会議室の利用などの事例もあります。

活用法自体はさまざまですが、送信器と受信器の関係で大きく2つの使い方があります。わかりやすさのために人と建物で説明します（図3-20）。

- 建物の壁などに発信器を設置して、人が受信器を携帯する
- 人が発信器を携帯して、建物に受信器が設置されている

iBeaconは前者、人の位置や動線の把握などは後者の形態です。

ビーコンの課題としては、センサー側が電池駆動であることから、一定期間での交換や充電が必要となることです。

図3-19　ビーコンの概要と人の動きや位置で利用する例

カード型
センサー

ビーコン

送信

受信

- ●ビーコンは、センサーが通過した、このあたりにいるなどのおおまかな測位で利用される
- ●受信器と送信器がセットのデバイス

出力データの例	Date：20210909 Time：15:16:11 ID：00002 RSSI：-80※
データ取得のタイミング	通信範囲内に入ったとき
周波数帯	2.4GHz
通信距離	10m前後
通信間隔	毎秒など、設定で変更可能
標準規格	特になし

※RSSI：
Received Signal Strength Indicator（受信電波強度）
dBm（デジベルミリワット）を単位として使う。
dBmは1mWを基準値として、
そのときの電波の信号を0dBmとする相対的な単位。
小さい場合はマイナス表記となる
計算式：x dBm = 10 log (x)mW

計算式と計算例

計算式　$x\,dBm = 10\log(x)mW$　$0dBm = 10\log(1)$

計算例　$40mW \rightarrow 10\log(40) = 16dBm$
$0.1mW \rightarrow 10\log(0.1) = -10dBm$
$0.000001mW = -60dBm$
$0.00000001mW = -80dBm$

図3-20　ビーコンの2つの使い方

❶建物に発信器、人に受信器

店舗情報

店舗

会議室A

会議室Aにいるはず

❷人が発信器、建物に受信器

こっちに向かってきている

Point

- 人の動きの把握やリアル店舗での情報発信を検討する際にはビーコンは選択肢となり得る
- 人が発信器、建物が受信器の関係もあれば、逆の関係もある

≫ 自らの動きを測る

動きを検知する

加速度センサーとジャイロセンサーは、スマートフォンやドライブレコーダーなどで使われています。加速度センサーはある方向に対して動いている、加速していることを検知します。

単位時間当たりの移動量（例：m/s）で、加速度はさらに時間で割る値（例：m/s^2）です。

加速度センサーの出力データの一例としては、地球がモノを引っ張る引力、あるいは重力が地球の中心に向かう加速度の約 $9.8m/s^2$ を基準として出力されます。例えばスマートフォンでは、左右の動きのX軸、上下のY軸、前面と背面のZ軸でそれぞれの加速度の値を提供します（図3-21左）。

データの取得はセンサーの値が変化する動きがあったタイミングです。

傾きを検知する

ジャイロセンサーは角速度センサーとも呼ばれていて、傾きや角度を検知します。スマートフォンであれば、手のひらの上に載せて指を動かして回したときの回転の度合いを検知してくれます（図3-21右）。

ジャイロセンサーも加速度センサーと同様に、動いたときにデータが提供されます。**単体で利用されることもありますが、主流としては、動いたことと、方向はということで、セットでの利用が主流です。**

図3-22のように利用シーンはおおむね見えています。

これらのように対象物が動いたことを検知する技術が、GPSやその他の無線デバイスのように、発信器と受信器とのセットで機能する形態だけではなく、単体で機能する技術もあることを知っていると、さまざまな応用が可能です。例えば、動いてはいけないものが動いているなどです。

| 図3-21 | 加速度センサーとジャイロセンサーの概要 |

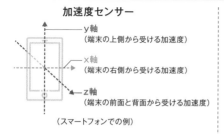

加速度センサー

y軸
（端末の上側から受ける加速度）

x軸
（端末の右側から受ける加速度）

z軸
（端末の前面と背面から受ける加速度）

（スマートフォンでの例）

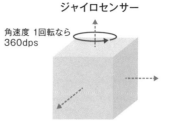

ジャイロセンサー

角速度 1回転なら
360dps

加速度センサーの出力データの例

出力データの例	X：0.16718922 Y：4.25000238 Z：9.79999999
データ取得の タイミング	動いたとき

ジャイロセンサーの出力データの例

出力データの例	360
データ取得の タイミング	回転したとき

| 図3-22 | ジャイロセンサーの主な利用シーン |

歩数計

カメラの手ぶれ防止

急発進！

ドライブレコーダーでの
運転診断

GAME

ゲームソフトでの利用

Point

⟋加速度センサーとジャイロセンサーはスマートフォンでも使われている
が、セットで利用されるユニークな技術

⟋動きを捉えたいときに、送受信のセットが必要な技術もあれば、単体で
済む技術もある

》 画像認識について考える

画像認識の対象と取得前の調整

　本節では画像について整理します。カメラが捉える画像の対象は大きくは人とモノに分けられます。具体例としては次の通りです（図3-23）。

- 人 ：体全体、顔、指紋、静脈など
- モノ：車、ナンバープレート、製品、構造物など

　モノは多岐にわたるのであくまで例示です。人もモノも全体で捉える場合と一部や部品で見る場合があります。
　画像の取得に際しては、**画角**を**対象に合わせて定める**必要があります。画角はカメラなどで撮影できる範囲を角度で示したものです。どこにカメラを設置してどのような角度で撮影するかということです。
　屋外や太陽光のある場所、明かりのある場所などでは影が生じたり、光が反射したりすることもあります。影や反射があると対象を認識しにくくなります。撮影に入る前にこのような課題をできるだけ調整します。

画像認識の基本

　例えば、2つの画像の中に含まれている対象が同じモノであるか、どのように認識するかは、図3-24のように2段階で行われます。
　画素数が大きければ画像は鮮明になりますが、ファイルサイズが大きくなるとデータ送受信の問題が生じやすくなります。また、画素数の大きいカメラは価格も上がります。そのため、画像認識システムでは、**最低限のレベルの画素数にとどめます**。人やモノがカメラの前にいる、あるいは前を通るなどの認識であれば、200万画素程度で済ませることもできます。工場や屋内でのモノの判別でも500万画素程度で可能です。

| 図3-23 | 画像の対象の例 |

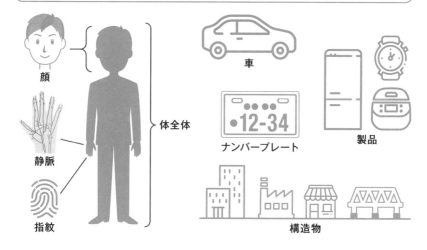

顔

静脈

指紋

体全体

車

ナンバープレート
●12-34

製品

構造物

| 図3-24 | 画像認識の基本的な考え方 |

STEP1: 全体として色と形は一致するか

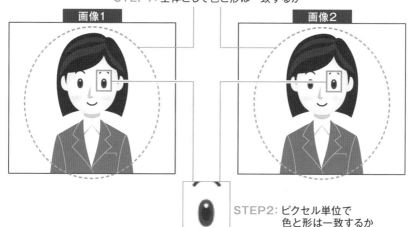

画像1

画像2

STEP2: ピクセル単位で
色と形は一致するか

Point

✎ 画像認識に際しては対象に応じた画角をあらかじめ確認することが重要
✎ 画像認識システムでは、データの送受信やカメラの価格の問題もあることから、最低限のレベルの画素数にとどめることが多い

≫ 環境と人体の数値化

環境を数値化するセンサー

本節では環境の状況を数値化するセンサーについて見ておきます。

代表例として、温湿度センサーがあります。周囲の温度や湿度を計測して電気的な信号として出力します。主に、工場、データセンター、農場などで利用されています。

温湿度センサーには、センサーのみで販売されていて、購入者がマイコンなどと組み合わせて利用する、あるいは一体化されているタイプがあります。

農場や最近ではオフィスやレストランなどでも利用されている CO_2 センサーなどもあります。

上記は、比較的ポピュラーな例ですが、**環境を数値化するセンサーは、これ以外にも図3-25のようにさまざまです。**

人体の状況を数値化するセンサー

環境と並んで、人体の状況を数値化するセンサーについても知っていることは重要です。主にスマートフォンと連動した健康管理や経過観察で使われることが増えています。

心拍数センサーはスマートウォッチの登場で身近になっていますが、センサーとアプリケーションを組み合わせて心拍数を測定・表示します。体温センサーは、感染症対策のために非接触で利用する、家畜の体の部位に貼付する、などです（図3-26）。

人そのものとは別に、人感センサーのような人が近づいたことを示すセンサーや歩行などの運動量を表すセンサー、人の奥深い部分を測定する脳波センサーなど、**人体の状況を数値化するセンサーは環境と同様に多種多様です。**

環境や人体に関するセンサーは知っていると、アイデア形成などにも役立つことから、日常生活でも気をつけて見ておくようにしてください。

名　称	機　能	利　用　例
日射センサー	日差しの強弱を測る	空調の制御への連動、車載用
光センサー	光の強弱を測る	液晶画面の明るさ、電灯利用の基準（照度センサーも光センサーの一種とする意見もある）
地磁気センサー	地磁気を測る	方位磁針の電子版として、電化製品・電子機器の部品
騒音センサー	騒音を数値化する	建設現場
風速センサー	風速を測る	気象、車両運行管理
超音波センサー、3Dレーザーセンサー	人やモノの有無、距離を数値化する	動きの変化の把握、衝突防止、駐車車両の有無

図3-25　環境を数値化するセンサーの例

図3-26　人体の状況などを表すセンサーの例

■スマートウォッチ
心拍数だけでなく、血圧など
さまざまな機能が追加されている

■体温センサー
感染症対策で広く普及

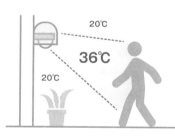

■人感センサー
家庭用としてもなじみのある人感センサーは
周囲の温度と人や動物の温度の差で反応する

Point

✐ 環境を数値化するセンサーは温湿度センサーを初めとして多種多様
✐ 人体に関連するセンサーには直接体に装着するものと非接触のものがある

デバイスでの留意点

IoTデバイスの活用に向けて

3-8以降は、各種の無線やセンシングの技術あるいはデバイスについて解説してきました。それらは一言で IoT デバイスと呼ばれることもありますが、実際にすべての実物を手に取った経験のある方は少ないでしょう。

一方で、**このようなデバイスを活用するだけでDXになってしまうことも**
あります。ここでIoT デバイスの利用に際しての留意点を整理しておきます。

IoTデバイスの活用に際してのポイント

基本的なポイントは次の3点です（図3-27）。

❶**システムとして動作するか**
❷**想定通りの性能が発揮できるか**
❸**実際に運用ができるか**

特に❶が重要です。デバイスの特徴や性能、電源やネットワークなどの仕様などの、ハードウェアとしての基本的な部分を押さえて進めないとシステムにならないということです。例えば、設置や電源の取得に始まり、取得したデータをどのような通信手段でバックエンドに届けるかなどもあります（図3-28）。

❷は、無線を利用するデバイスは環境によって性能の減衰があるので、減衰や変化を見越したシステム設計が必要となることです。身近な例としては、Wi-Fiルータが場所によって電波の強さが異なることなどが挙げられます。

❸は、メンテナンスが可能な設置場所を選定することや、不要なデータも含めすべて取得するとネットワークやサーバー側への負荷も過大となります。

PCやスマートフォンなどと比べると、導入に際して少々手間がかかりますが、他の人がやってないことをやりたい方にとっては興味深い技術です。

図3-27　IoTデバイス活用のポイント

3つのポイント	観点の例
❶ システムとして動作するか	● 設置場所や環境、電源の有無などの確認 ● システムに適した通信手段となっているか
❷ 想定通りの性能が発揮できるか	● 無線を利用するデバイスは環境によって性能が減衰する 　（家庭内でのWi-Fiルータの利用などを頭に浮かべてほしい） ● データを送信する頻度や量でも性能の減衰はあり得る
❸ 実際に運用ができるか	● 設置ができてもメンテナンスにはより広いスペースを必要とする ● ひたすらデータを上げるとディスクがいくらあっても足らない

図3-28　デバイスからバックエンドに向けての通信手段

● たいていのIoTデバイスやセンサーは複数のネットワーク接続ができるようになっている
● 利用シーンや用途に応じて、デバイスを含めネットワークも検討してほしい

無線／有線	通信手段	通信速度	通信距離／ケーブル長
無線	Wi-Fi	300Mbps前後	100m程度
	BLE※	1Mbps程度	10m程度
有線	LAN	100Mbpsから数ギガまで	100m
	USB	2.0：480Mbps	USBハブで延長可能、最大25m
		3.0：5Gbps	
	RS-232C	20Kbps	最大15m

※ BLE：Bluetooth 4.0以降の仕様でWi-Fiを一回り小さくしたような性能。
　　以前のBluetoothと比べると一層シンプルなプロトコルで、低消費電力、同時接続デバイスの
　　増加、低コストなどを実現

● デバイスによっては携帯キャリアの4Gや、IoT向けのネットワークサービスのLPWA（Low Power Wide Area）などで通信ができるものもある
● MQTT（Message Queue Telemetry Transport）と呼ばれるシンプルなプロトコルを使うこともある

Point

🖊 IoTデバイスを使いこなすことができれば、すぐにDXにつながる可能性もある

🖊 活用に際しては3つのポイントがあるのでチェックしてほしい

これからのデバイスについて考える

今後の導入が期待されるシステム

　AR（Augmented Reality：拡張現実）やVR（Virtual Reality：仮想現実）のゴーグルやロボット、ドローンなどは、今後も技術開発が進んでいくデバイスで、現在もさまざまな種類があります。

　本節では参考としてARゴーグルについて見ておきます。ARのデバイスは保守の現場などではすでに利用が始まっています。ゴーグルの軽量化やシステムとしての利便性が進めば、今後の導入に拍車がかかるでしょう。

ARゴーグルのシステム構成

　ARゴーグルのシステム構成は、現在、大きくは2つです（図3-29）。

❶**PCなどのコンピュータとゴーグルのセットでシステムになる**：
　ゴーグルはPCのモニターのような役割
❷**ゴーグル単体でシステムになる**：スマートフォンのような役割

　現在は❶の複数のハードウェアでのシステムが多数派ですが、研究開発の状況やニーズなどからすれば将来は❷が主流となる可能性が高いです。

　❶ではWindowsが、❷ではAndroidのOSが大半です。

　❶が現在多数派である理由には、ゴーグルで取得した画像とコンピュータ側から送信するデータの双方向での処理の負荷が決して低くないことがあります。そのため、データのやりとりを確実に行うという観点で❶が選定されることも多いです（図3-30）。

　これからARゴーグルの導入を検討するのであれば、**将来的には❷が増えていくと予想されることからこちらをお勧めしますが、研究や技術革新が進行中の分野では常に生ずる悩み**でもあります。

図3-29　ARのシステム構成

❶PCなどのコンピュータと
　ゴーグルのセットでシステム化

❷単体でシステム化

USBやWi-Fiなど

Wi-Fiや4Gなど

- Wi-FiやUSBでコンピュータに接続する
- OSはWindowsなど

- 単体でシステムとなる
- Wi-Fiや4Gなどで外部に接続
- OSはAndroidなど

- AR（拡張現実）は、人が感じる現実の環境や状況を、コンピュータデバイスなどを活用して情報を追加することで、現実を拡張する技術の総称
- ゲームや3D画像のように、コンピュータデバイスの中に仮想世界を構築するVR（仮想現実）とは技術的に異なる

図3-30　デバイスからバックエンドに向けての通信手段

メンテナンスでARを利用する例

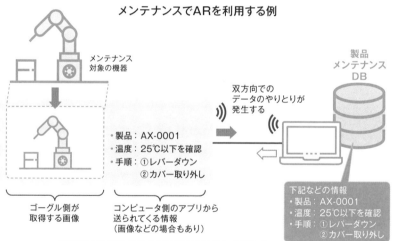

メンテナンス
対象の機器

双方向での
データのやりとりが
発生する

製品
メンテナンス
DB

・製品：AX-0001
・温度：25℃以下を確認
・手順：①レバーダウン
　　　　②カバー取り外し

ゴーグル側が
取得する画像

コンピュータ側のアプリから
送られてくる情報
（画像などの場合もあり）

下記などの情報
・製品：AX-0001
・温度：25℃以下を確認
・手順：①レバーダウン
　　　　②カバー取り外し

一般的な画像認識の場合には双方向はほとんどなく
デバイスからサーバー側への上りのみ

Point

- 現在、ARのゴーグルを利用するシステムには複数の構成がある
- 研究や技術革新が進行中の分野でのシステムの選定は常に生ずる悩みであるが、将来の多数派で判断すると間違いはない

やってみよう

興味が持てる技術とそうでない技術

　筆者は長年にわたりDX人材の育成にも携わっています。

　その経験から、各人材が興味や好奇心が持てる技術に関しては専門家になれる可能性が高いことがわかっています。

　ここで、第3章で解説したDXのフロントエンドの技術を例に、興味が持てるものとそうでないものを確認してみましょう。改めて、□にチェックをつけてみることが重要です。

フロントエンドの技術の例

AI	☐	RPA	☐	Webアプリ	☐
スマートフォン	☐	PC	☐		
カメラ	☐				
GPS	☐	RFID	☐	ビーコン	☐
加速度センサー	☐	ジャイロセンサー	☐	その他のセンサー	☐
AR/VR	☐				

それぞれの技術に対して正直に向き合う

　上の表にはカテゴリや項目ごとのタイトルなどはあえて入れていませんが、その方が、正直に好きな技術とそうでない技術を見分けることができます。

　現在ではAIにチェックをつける方が多いかもしれません。

　傾向として、物理的あるいは動くものが好きな方は、主に下半分のIoT関連の技術にチェックがつくようですが、どちらかといえば少数派のようです。

　参考までに、筆者の場合は、RPA、Webアプリ、そしてカメラより下のすべての技術にチェックがつきます。AIは必要に迫られて取り組んでいるということでしょうか。

第4章

DXに不可欠なWeb技術

～ブラウザ、Webアプリ、多様化するwebの世界～

» ブラウザか専用アプリか?

よく使われているブラウザ

3-1 でDXのフロントエンドで利用されるソフトウェアとしてWebアプリがあることを解説しました。本節ではWebアプリを含めたWeb技術の概要について整理します。

Webアプリはスマートフォン、PC、タブレット、あるいはゲーム機などでおなじみの**ブラウザをそのまま利用することもあれば、アプリと一言で呼ばれているように、ブラウザを利用しないことも増えています。**

ブラウザというときには、スマートフォンで圧倒的なシェアを持つChromeやSafari、あるいはMicrosoft Edgeなどの名前が挙がります。

現在のブラウザのシェアは図4-1の通りですが、端末を問わずに利用できるChromeは今でもシェアを伸ばしています。

Webアプリはdxに欠かせない存在

ブラウザを使わない、あるいは使えない端末では、専用のアプリケーションソフトが実装されます。専用アプリといっても、現実にはインターネット経由での利用が増えていることから、Webアプリが主流となりつつあります。この傾向はコンシューマー向けサービスだけでなく、企業内のシステムでも同様です。WebサイトやWebページとの違いも含めて、図4-2で整理しておきます。

つまり、ブラウザを利用するのであれば当然のことですが、あるいは利用しない場合でもWebの技術を活用したアプリケーションがかなりのウエイトを占めるようになっています。多少極端な言い方をすれば、アプリ≒Webアプリともなりつつあります。

DXにおいても、何らかのアプリケーションソフト利用することが多いことから、Webアプリは無視できない存在となっています。

図4-1

ブラウザのシェア

日本のモバイルブラウザシェア（2021/7）

ブラウザ	シェア
Safari	64.22%
Chrome	30.42%
Samsung	2.49%
その他	2.87%

（URL：https://gs.statcounter.com/browser-market-share/mobile/japan）

※日本国内ではiPhoneのシェアが高いので、Safariがトップになっている

世界のモバイルブラウザシェア（2021/7）

ブラウザ	シェア
Chrome	63.63%
Safari	24.4%
Samsung	5.62%
その他	6.35%

（URL：https://gs.statcounter.com/browser-market-share/mobile/worldwide）

日本のPCブラウザシェア（2021/7）

ブラウザ	シェア
Chrome	61.36%
Microsoft Edge	16.06%
Safari	8.84%
Firefox	6.44%
IE	4.55%
360 Safe	0.87%
その他	1.86%

（URL：https://gs.statcounter.com/browser-market-share/desktop/japan）

世界のPCブラウザシェア（2021/7）

ブラウザ	シェア
Chrome	68.58%
Safari	9.47%
Microsoft Edge	8.21%
Firefox	7.62%
Opera	2.48%
IE	1.37%
その他	2.27%

（URL：https://gs.statcounter.com/browser-market-share/desktop/worldwide）

※日本国内ではWindows PCのシェアが高いので、EdgeやIEが世界よりも強い

※さまざまな調査機関が提供しているが、ここではStatcounterの調査結果を紹介している

図4-2

Webアプリの概要

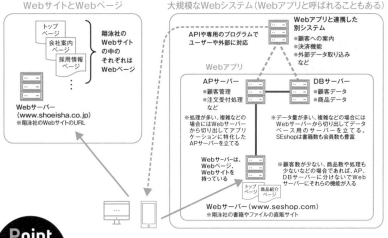

Point

ブラウザが使える端末では、ブラウザをそのまま利用することもあれば、利用しないことも増えている

Webアプリはブラウザを利用する・しないにかかわらず利用シーンが増えていて、DXのフロントエンドでも無視できない存在となっている

» ブラウザの機能

Webアプリの基盤

　ブラウザを使わないWebアプリが増えていますが、**ブラウザを利用すると、スマートフォン、PC、タブレットなどのさまざまなデバイスに早期に展開できるので、基本的な機能は理解しておいた方が間違いありません。**

　ブラウザは、HTML（Hyper Text Markup Language）を人間の目で見やすいように表示してくれます。図4-3の左のようにタグで囲まれたハイパーテキストを、ブラウザが同時通訳のように変換してわかりやすく見せてくれます。

　ブラウザはWebサーバーに対して、何がほしい・したいなどのリクエストを送って、Webサーバーはレスポンスを返します（図4-3右）。

ブラウザとWebサーバーのやりとり

　Webサーバーとのやりとりは、基本的には、HTTPプロトコルに基づいて行われています。HTTPでは一意のURLを相手として指定して通信を行いますが、電話とは異なり、1回ごとに相手とのやりとりを完結させるステートレス（Stateless）という特徴があります（図4-4上）。

　HTTPのリクエストはステートレスな関係でレスポンスが実行されます。このHTTPリクエストにはGETやPOSTなどのHTTPメソッドがあって、リクエストに対しての裏返しであるHTTPレスポンスがあります。このようなしくみがあることで、Webページが閲覧できますが、リクエストがどのように処理されたかはステータスコードで確認できます（図4-4下）。

　ブラウザがアプリケーションの画面として利用されているときは、上記のようなお約束ごとに従っているわけですが、**4-3**では、1回1回で切れてしまうステートレスなやりとりを補完するしくみについても見ておきます。

図4-3　ブラウザの基本機能

ハイパーテキストの変換　　　　　　ブラウザからのリクエストの例

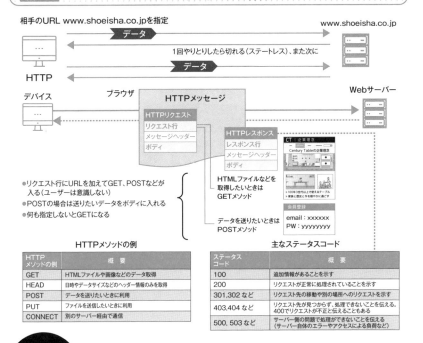

図4-4　HTTPプロトコルの特徴

●リクエスト行にURLを加えてGET、POSTなどが入る（ユーザーは意識しない）
●POSTの場合は送りたいデータをボディに入れる
●何も指定しないとGETになる

HTMLファイルなどを取得したいときはGETメソッド

データを送りたいときはPOSTメソッド

HTTPメソッドの例

HTTP メソッドの例	概　要
GET	HTMLファイルや画像などのデータ取得
HEAD	日時やデータサイズなどのヘッダー情報のみを取得
POST	データを送りたいときに利用
PUT	ファイルを送信したいときに利用
CONNECT	別のサーバー経由で通信

主なステータスコード

ステータス コード	概　要
100	追加情報があることを示す
200	リクエストが正常に処理されていることを示す
301,302 など	リクエスト先の移動や別の場所へのリクエストを示す
403,404 など	リクエスト先が見つからず、処理できないことを伝える。400でリクエストが不正と伝えることもある
500,503 など	サーバー側の問題で処理ができないことを伝える（サーバー自体のエラーやアクセスによる負荷など）

Point

✐ ブラウザの機能を知っておくと、ブラウザを使わないアプリとの違いがわかりやすい

✐ 普段何気なく使っているブラウザにはさまざまな決まりごとがある

第4章 ブラウザの機能

109

》 再接続を支援するしくみ

接続があったブラウザに送信される

HTTPでのやりとりはステートレスですが、再接続を支援するための機能としてCookieがあります。正式名称はHTTP Cookieですが、Webサーバーがブラウザに対するHTTPレスポンスの中にCookieを含めて送信します。

ブラウザがCookieを送ってきたWebサーバーに再びアクセスすると、Webサーバーはそのキーを読み取って、**以前にアクセスしたブラウザであると認識します**。図4-5はショッピングサイトでのCookieの例を示しています。

もちろんこのやりとりができるようにするためには、ユーザーがブラウザでCookieを含めたやりとりを許容する設定をする必要があります。ショッピングサイトなどで便利になる反面、しつこいと感じる商品の売り込みや、個人情報の扱い、あるいは悪意のある第三者に読み取られた場合になりすましの危険性などもあり得ることから注意が必要です。

やりとりがどこまで進んでいるかわかるようにする

ブラウザ側ではCookieを取得していますが、サーバー側ではセッション（Session）で管理しています。

先ほどのCookieの中に、一連の処理を表す一意のセッションIDを含める形で、ブラウザとのやりとりが進められていきます。図4-6は同じくショッピングサイトでの例です。

ユーザーからすれば、ショッピングサイトから離れてもカートに選択した商品が入っているなどで、日常的に体験するしくみです。**デバイスにブラウザを利用させてやりとりをする際には、サーバー側ではセッションの管理が必要になります。**

なお、ブラウザを使わないWebアプリであれば、このようなブラウザを利用する際の決まりごとに従う必要はありません。

図4-5　ショッピングサイトでのCookieの利用例

ショッピングサイト内のテナントの例

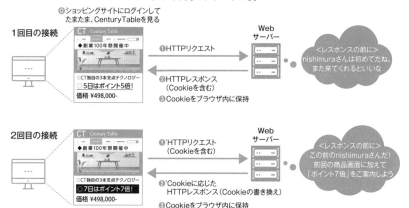

⓪ショッピングサイトにログインして
たまたま、Century Tableを見る

1回目の接続

❶HTTPリクエスト

❷HTTPレスポンス
（Cookieを含む）
❸Cookieをブラウザ内に保持

Web
サーバー

<レスポンスの前に>
nishimuraさんは初めてだね。
また来てくれるといいな

2回目の接続

❶'HTTPリクエスト
（Cookieを含む）

❷'Cookieに応じた
HTTPレスポンス（Cookieの書き換え）
❸Cookieをブラウザ内に保持

Web
サーバー

<レスポンスの前に>
この前のnishimuraさんだ！
前回の商品画面に加えて
「ポイント7倍」をご案内しよう

※ユーザーの立場としては、適当なタイミングでCookieを削除した方がよい

※2020年6月に成立した改正個人情報保護法では、企業が個人とCookie情報をあわせて利用する場合には個人の同意を得ることが
義務づけられている

図4-6　セッションの概要

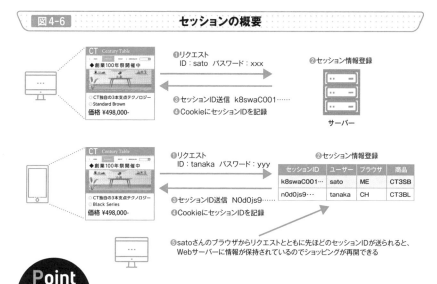

❶リクエスト
ID：sato　パスワード：xxx

❷セッション情報登録

❸セッションID送信　k8swaC001……
❹CookieにセッションIDを記録

サーバー

❶リクエスト
ID：tanaka　パスワード：yyy

❷セッション情報登録

セッションID	ユーザー	ブラウザ	商品
k8swaC001…	sato	ME	CT3SB
n0d0js9…	tanaka	CH	CT3BL

❸セッションID送信　N0d0js9……
❹CookieにセッションIDを記録

❺satoさんのブラウザからリクエストとともに先ほどのセッションIDが送られると、
Webサーバーに情報が保持されているのでショッピングが再開できる

Point

✎ブラウザにCookieがあることで以前にアクセスしたことがわかる

✎デバイスでブラウザを利用してやりとりをするのであれば、セッション
管理が必須

≫ 多様な端末に対応する

多様な端末に対応してWebページを見せるために

4-1でさまざまな端末がWebを活用していることを述べました。また、それらの端末の中には、多くの場合ブラウザが存在しています。

現在はデバイスごとにページを分けるのではなく、**1つのWebページから分岐する**のが主流です。レスポンシブWebデザイン（通称：**レスポンシブ**）と呼ばれていて、それぞれの端末のブラウザに応じたWebページを提供します。

レスポンシブでは、次のように2つの見え方があります（図4-7）。

- **デザインが変わらないタイプ**：端末の大小にかかわらず同じように見せる
  基本的にはPC画面に合わせて、端末が小さくなれば縮尺がかかります。
- **デザインが変わるタイプ**：端末の大小で見え方が異なる
  端末の画面の大きさでデザインが変わります。

現在の多数派は後者ですが、業務システムなどでは同じような画面と操作が好まれることから、前者が選択されることもあります。

レスポンシブのコードは自ら書かない

Webサイトの運用管理のパッケージソフトの**CMS**（Content Management System：コンテンツ管理システム）などを利用すると、**基本的にはレスポンシブ機能が実装されています**。第8章で紹介する開発のフレームワークも同様です。つまり、知っている人であれば簡単かつ迅速に、多様な端末に対応するWebサイトやWebアプリを作ることができます。

参考として紹介しますが、ゼロベースで開発する場合には、**ブレークポイント**と呼ばれる分岐の画面サイズを考慮してコードを書きます。図4-8の例では分岐の画面サイズを763px以下としています。

図4-7　デザインが変わらないタイプと変わるタイプの例

デザインが変わらないタイプ（PC画面に合わせる）

- 古めのWebサイトで見かけるが、スマートフォンでは文字が小さい
- 企業の業務システムではこのようなタイプは多い
- 端末が異なっても同じように操作できるメリットがある

デザインが変わるタイプ（端末の画面サイズに合わせる）

- 現在のWebサイトの主流派
- ユーザーも意外と見やすい（画像が見やすい大きさになる）

図4-8　レスポンシブ対応を実現するコードの例

```
<!DOCTYPE html>
<html>
<head>
<meta charset="UTF-8">
<meta name="viewport" content="width=device-width,initial-scale+1">
<!-- デバイスの画面サイズが764px以上の場合にはPC用のCSSを読み込む -->
<link rel="stylesheet" type="text/css" href="./css/sample_pc.css"
media="screen and (min-width:764px) ">
<!-- デバイスの画面サイズが763px以下の場合にはスマートフォン用のCSSを読み込む -->
<link rel="stylesheet" type="text/css" href="./css/sample_smartphone.css"
media="screen and (max-width:763px) ">
<titel>サンプルコード</title>
</head>
<body>
        <header>
```

- metaタグのviewpoint以降、分岐するsample_pc.cssとsample_smartphone.cssを記述している
- この例ではスマートフォンの画面サイズを763px以下としている

Point

- レスポンシブは多様なデバイスやブラウザに応じたWebページを提供する現在のWebでは必須の機能
- CMSやフレームワークにはレスポンシブが実装されていることが多く、多様な端末に対応できるようになっている

» Webアプリの概要

Webアプリの基盤

4-1でWebアプリの概要について解説しました。本節ではもう少し詳しく見ておきます。

Webアプリは、WebサーバーがLinuxの場合には、DBも含めてOSS（**4-6**参照）を使うことが多いです。LAMP（ランプ：Linux、Apache、MySQL、PHPのそれぞれの頭文字を取っている）と呼ばれている**Webアプリのバックエンドの代表的なソフトウェア群がスタンダード**でもあります。

LAMPは、それぞれが無料で使えることに加えて、ISP（インターネットサービスプロバイダ）やクラウド事業者で標準的に使えるようになっており、Webアプリの基盤として利用されています（図4-9）。

知っている人ならわずか1日で構築できる

例えば、LAMPを基盤として利用して、さらにCMSなどを使うと、**本格的なオンラインショッピングサイトなどが、わずか1日で構築できます**（図4-10）。

オンラインショッピングは一例ですが、知っている人であれば、見た目がきれいで本格的なWebサイトやアプリを、ごく短時間で提供できます。しかも、データベースの細かい定義などをする必要もありません。

つまり、Web技術の世界では、一見難しそうに見えることも、OSSやさまざまなツールの存在を知っていて、多少経験があれば、ごく短時間で実装ができるということです。かなりの機能が無償のOSSで提供できます。

Webを活用してDXというときには、**知識の有無で可能・不可能の差が生ずるだけでなく、時間やコストにも大きな差が生じてしまう**ということとです。

図4-9　LAMPの概要

Linux	RHEL（Red Hat Enterprise Linux）、CentOS、Ubuntu、SLES（SUSE Linux Enterprise Server）などの種類がある
Apache	● OSSのWebサーバーの代表 ● 他にNginxなどがある
MySQL	● WebアプリでのOSSのデータベースの代表 ● 他にPostgreSQL、MariaDBなどがある
PHP	● サーバーサイドのスクリプト言語の代表 ● フレームワークも多数あり、中～大規模システムでも使われている

- CentOSはRHELの無償版でよく利用されている。セキュリティを重視するならRHELが好まれる
- Ubuntuはアプリが豊富でエンターテインメントや教育関連でよく利用されている
- SUSEは近年利用が増えつつあり、セキュリティを重視する有償版のSLESとOSSのOpenSUSEがある
- Linuxは、上記のようにディストリビューション（※）によって多少違いがあるが、ディストリビューターは企業・団体・個人がLinuxを利用できるようにOSと必要なアプリケーションソフトを提供してくれている
- 基本的なWebアプリであれば、LAMPを使って早期に作り上げられる

※Linuxを企業・団体・個人で利用できるように、OSと必要なアプリケーションソフトをあわせて提供してくれている企業や団体のこと

図4-10　CMSでオンラインショップを構築する例

CMSの概要

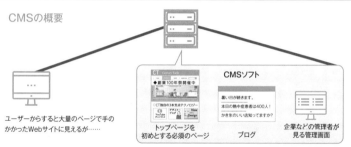

ユーザーからすると大量のページで手のかかったWebサイトに見えるが……

トップページを初めとする必須のページ　　ブログ　　企業などの管理者が見る管理画面

- CMSでは基本的なWebページ、ブログ、管理機能などがパッケージングされている
- 総合的なWordPressやEC向けのEC-CUBEなどが有名で、WordPressはCMSのシェアで8割を超えているともいわれている
- 個人や小規模サイト向けにはwixなどがある

オンラインショップの構築例

WORDPRESS → WordPress / WelCart e-Commerce / Apache / PHP / MySQL / Linux OS

- 比較的簡単にオンラインショップを始めたい場合には、上記のようなソフトウェア構成が例として挙げられる
- WelCart e-CommerceはWordPressと親和性の高いプラグインソフト
- 独立した中小規模のWebサイトでは実際にこのような構成は多く、ユーザーが見るのはWordPressの画面
- ソフトウェアの利用に際しては、無償ライセンスの考え方や有償となるケースなどを確認して使うこと
- CMSには多数のデザイン性の高い画面が用意されていて、スマートフォンでもPCでも自動的に対応するレスポンシブも万全

Point

- ✎ WebアプリのバックエンドのLAMPはスタンダードの存在
- ✎ LAMPとCMSの利用などで、わずか1日で本格的なWebサイトやアプリが提供できるが、知っていればこその話

≫ ソフトウェアとデータの無償化

多くのソフトウェアが無料で利用できる時代に

4-5で無償のソフトを利用して、本格的なWebアプリを提供できることを解説しました。ソフトウェアもそうですが、インターネットのビジネスでは、全般的に当初の利用は無償で、機能を追加していくと有償となるようなビジネスモデルが増えています。

大手クラウドサービスでも、条件によっては1年間の無償利用が可能であるように、ITの利用においてもそうしたサービスは増えています。

その背景には、無料で利用できるソフトウェアが増えてきたことがあります。**OSS**（Open Source Software）と呼ばれていますが、古くはLinuxが典型例です。LAMPも高機能でありながら無償で利用できます。クラウドのデータセンター側で利用する大規模なソフトウェアもOpenStackなどのOSSが主流であることから、**提供したいビジネスやサービスの実現に関わる無償のソフトウェアの有無を確認すること**は重要です（図4-11）。

無料で利用できるデータも整備が進む

データに関しても、著作権などの制限がなく無償で利用できる**オープンデータ**の提供に向けた取り組みが進められています。以前から官公庁や自治体が公開している統計データを企業が活用することはありましたが、近年は特定の企業や団体が作成したデータを、別の不特定多数の企業が使える例も増えています（図4-12）。

DXというと新しい技術やシステムに向けた多額の投資を頭に浮かべる方も多いかもしれませんが、必ずしもそうではありません。さまざまなことを知っていることが重要です。一方で、**プレイヤーがお金をかけずに早期に準備できることから、DXに関連するサービスは競争が激化している**のも事実です。

この後、DXのバックエンドの技術の話に行く前に、Webを取り巻く環境について改めて確認します。

図4-11　OSSでWebアプリやクラウドサービスを構築する例

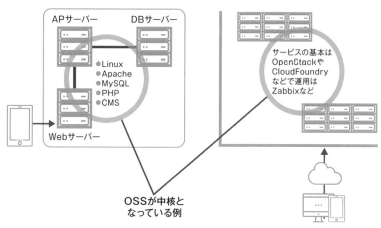

WebアプリをOSSで構築する例

APサーバー　　DBサーバー

● Linux
● Apache
● MySQL
● PHP
● CMS

Webサーバー

クラウドサービスの
データセンターをOSSで構築する例

サービスの基本は
OpenStackや
CloudFoundry
などで運用は
Zabbixなど

OSSが中核と
なっている例

図4-12　オープンデータの例

官公庁のオープンデータの代表例

国勢調査
日本の人口や世帯の実態を
表す国勢調査のデータは
企業がマーケティングで活
用している

気象データ
気象庁が提供するデータは
小売業や農林水産業などで必須。
例えば東京都には羽田を初めと
して11の観測地点のデータがあ
る（島しょ部を除く）

● 上記の他にも中央官庁や自治体でさまざまなデー
タが提供されている
● 政府CIOポータルでは、
オープンデータ推進の取り組みも紹介されている

ビジネスのオープンデータの代表例

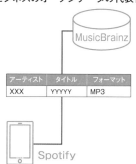

MusicBrainz

アーティスト	タイトル	フォーマット
XXX	YYYYY	MP3

Spotify

Spotifyで聴ける曲のメタデータは
MusicBrainzのオープンデータ

Point

🖉 OSSやクラウドの無償サービスを利用してさまざまなシステムが作れ
る時代となっている

🖉 お金をかけずに準備が進められることからDXに関連したサービスの競
争は激化している

》 インターネットの普及状況

インターネットの利用率

　本節では、コンシューマー（個人）のインターネットの利用について、改めて数字などで確認しておきます。

　インターネットの利用状況を示す数値として、総務省が発表している「通信利用動向調査」があります。毎年発行されるITや通信の統計資料である『情報通信白書』の中でも紹介されています。

　2019年の日本のインターネットの利用率（インターネットの人口に対しての普及率・過去1年間にインターネットを利用したことがある人の割合）は、図4-13のように約9割となっています。13歳から59歳までは、各階層で9割を超えていることから、**国民の大半がインターネットを利用している**ともいえます。端末別では、スマートフォンが第1位、PCが第2位で大半を占めていて、タブレット、ゲーム機以下を大きく引き離しています。

インターネットの利用とは？

　世帯や個人に向けた調査票の中を見ると、利用率のもとになっているインターネットの利用は次のように例示されています（図4-14）。

- ●電子メールやメッセージの送受信
- ●情報の検索
- ●SNSの利用
- ●ホームページの閲覧
- ●オンラインショッピング

　上記を簡単に言い換えると、**メールとWeb**ともいえますが、大半の人が利用しているのはすごいことです。新たなサービスの提供や既存サービスの拡大においてWebは不可欠ともいえるので、このあたりも押さえておきましょう。

図4-13 インターネットの利用状況や利用端末

インターネットの利用者の割合は、9割に迫るところまで増加。特に6〜12歳および60歳以上の年齢層でインターネットの利用が伸びた。インターネット利用端末は、スマートフォンがPCを上回っている

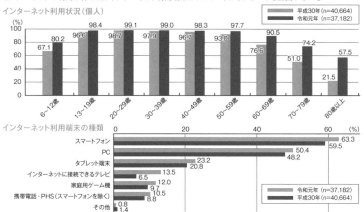

インターネット利用状況（個人）

（凡例）
- 平成30年（n=40,664）
- 令和元年（n=37,182）

年齢	平成30年	令和元年
6〜12歳	67.1	80.2
13〜19歳	96.6	98.4
20〜29歳	98.7	99.1
30〜39歳	97.9	99.0
40〜49歳	96.7	98.3
50〜59歳	93.0	97.7
60〜69歳	76.6	90.5
70〜79歳	51.0	74.2
80歳以上	21.5	57.5

インターネット利用端末の種類

端末	令和元年（n=37,182）	平成30年（n=40,664）
スマートフォン	63.3	59.5
PC	50.4	48.2
タブレット端末	23.2	20.8
インターネットに接続できるテレビ	13.5	6.5
家庭用ゲーム機	12.0	9.7
携帯電話・PHS（スマートフォンを除く）	10.5	8.8
その他	0.8	1.4

出典：総務省『令和2年版 情報通信白書』
（URL：https://www.soumu.go.jp/johotsusintokei/statistics/data/200529_1.pdf）

図4-14 インターネット＝メール＋Web

国（総務省）の調査によるインターネット利用の例

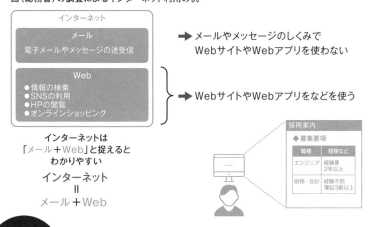

インターネット

メール
電子メールやメッセージの送受信

➡ メールやメッセージのしくみで
Webサイトやアプリを使わない

Web
- 情報の検索
- SNSの利用
- HPの閲覧
- オンラインショッピング

➡ WebサイトやWebアプリをなどを使う

インターネットは
「メール＋Web」と捉えると
わかりやすい

インターネット
＝
メール＋Web

採用案内
◆ 募集要項

職種	経験など
エンジニア	経験要 2年以上
財務・会計	経験不問 簿記3級以上

Point

🖋 2019年の調査ではインターネットの利用率は9割に達している

🖋 国の調査では、「インターネット＝メール＋Web」と例示されているが、この考え方はわかりやすい

» 多様化するWebの世界

Webを通じたビジネスの場の拡大

Webはさまざまなビジネスを運営する企業や団体にとって、以前にもまして重要な存在になっています。クラウドサービスの充実などから、Web上に展開できるサービスやシステムが増えている背景もあります。

図4-15を見ると、ユーザー側のアクセスする手段の多様化、提供する側の立場からしても、ビジネスの場やアピールできる媒体も増えています。それらが、あたかも掛け算をするように顧客との接点やビジネスの機会が増えています。

ここで理解したいのが、**Webを取り巻くしくみの多様化**です。以前はWebサイトが中心でしたが、今ではさまざまな顧客接点が当たり前のように存在しています。しかも、その世界は少しずつ変わっていきます。

例えば、リアルの店舗に加えて、Webサイトがあるだけではなく、外部のショッピングサイトやSNS、動画サイトなどのように、Webサイトに匹敵するしくみが多数存在しています。広い視野で、どの接点を使う、もしくは使わないかを考えることが重要です。

自らの事業やDXに適した利用

本章の前半で、ブラウザやWebアプリについて解説しました。

Webやクラウドを活用して、顧客も含めたDXを実現する場合には、どの接点を活用するかを検討する必要があります。

既存の接点を中心として、その中で、提供サービスを増やすこともあれば、新たな接点に取り組む選択肢もあります（図4-16）。

そのあたりを決めるヒントとして、この後に解説する**社会の変化や、それらに対応するための企業の取り組みの変化**が挙げられます。

図4-15 **Webを取り巻く世界**

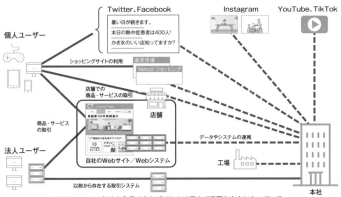

- ●コンシューマー向けの企業であれば、Webは極めて重要な存在になっている
- ●上記の他に、自社のスマートフォン専用の独自アプリを配布している企業もある
- ●法人間でもWebの存在感は確実に増している

図4-16 **顧客接点とサービスで考える**

既存の接点での提供サービスの増加の例

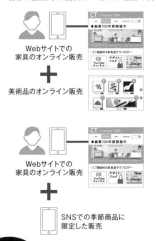

Webサイトでの
家具のオンライン販売

＋

美術品のオンライン販売

Webサイトでの
家具のオンライン販売

＋

SNSでの季節商品に
限定した販売

新たな顧客接点に取り組む例

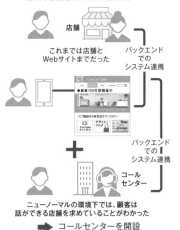

店舗

これまでは店舗と
Webサイトまでだった

バックエンド
での
システム連携

＋

バックエンド
での
システム連携

コール
センター

ニューノーマルの環境下では、顧客は
話ができる店舗を求めていることがわかった
➡ コールセンターを開設

Point

⟋ビジネスシーンでWebは重要な存在になっているが、取り巻く環境は
変化しているので目を配る必要がある

⟋既存の接点で提供サービスを増やす観点と新たな接点に向けて拡大して
いく選択肢があるが、社会の変化なども参考にしてほしい

» シェアリングとマッチング

所有しないでシェアする

4-7で日本国民の大多数がインターネットを使う時代になっていることを紹介しました。インターネットの普及により私たちの生活にも変化が起きていますが、その1つとしてシェアリング・エコノミーが挙げられます。

シェアリング・エコノミーはインターネットのサービスを通じて**モノや場所や情報などを個人や企業間でシェアする経済的な活動**をいいます。

車や駐車場、自転車や傘、人のスキルや情報にいたるまで多様な例があります（図4-17）。ユーザーからすれば、所有しないことと、コスト面でのメリットがあるのがポイントです。

インターネットらしさのマッチング

インターネットが提供するサービスの代表例として、マッチング・エコノミーがあります。マッチング・エコノミーは、**商品やサービスの提供者とユーザーを結びつけるしくみ**です。不動産販売や人材紹介、最近ではフリーランスと企業とのマッチングなどがわかりやすい例ですが、B2BではM&Aの仲介などもあります（図4-18）。ユーザーからすれば、困りごとの解決やほしいものを見つけられることがポイントですが、**インターネットの情報提供機能が発揮されています**。

DXで新ビジネスを検討する際に、シェアリングやマッチングの視点で考えることもありますが、注意も必要です。例えば、オークションサイトはマッチングと考える人もいれば、遊休資産の売買と考える人もいます。また、Uberは人と車のマッチングでもありますが、自分で車を使わない時間に人を乗せるという観点ではシェアリングともいえます。

シェアリングやマッチングは、既存ビジネスの進化や新ビジネスの検討にヒントを与えてくれますが、フレームをはめて議論する方が進みが早いです。

図4-17　シェアリング・エコノミーの例

シェアリングの代表例
カーシェアリング

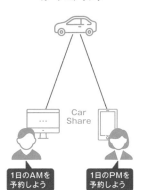

1日のAMを
予約しよう

1日のPMを
予約しよう

自転車や傘のシェアリング

Aで借りて
Bで返す

スキルのシェアリング
（スキルや経験を登録）

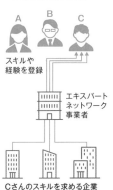

スキルや
経験を登録

エキスパート
ネットワーク
事業者

Cさんのスキルを求める企業

図4-18　マッチング・エコノミーの例

マッチングの代表例の不動産

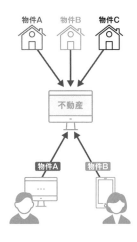

フリーランスやスキルを有する人材
（仕事の条件や内容を登録）

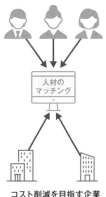

コスト削減を目指す企業
（企業に発注するよりも安価）

B2BではM&Aの
仲介などがある

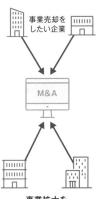

事業売却を
したい企業

事業拡大を
検討している企業

Point

- シェアリング・エコノミーはモノや場所などをシェアする経済活動
- マッチング・エコノミーは提供者とユーザーを結びつける活動で、いずれもインターネットの情報提供機能に負うところが大きい

》 情報の集約と個別対応

情報を集約して一覧で見せる

　インターネット上に存在するさまざまな情報を集約して一元的に見せる、あるいはそれぞれの情報やビジネスにスムーズに連携するサービスは**アグリゲーション・サービス**（Aggregation Service）と呼ばれています。例えば、オンラインモールなどで、同じ商品の価格など特定の条件で比較して個別のテナントに連携する、価格比較サイトが直販サイトに連携するなどがこれにあたります（図4-19）。

　ユーザーからすれば1つのWebサイトを見ることで、情報が集約されていて連携もされていることから、利便性が高いサービスです。商品の価格以外にも、不動産やホテルの宿泊料金など、さまざまな分野に広がっています。

　中には資産管理のサービスのように、ユーザーに同意を得たうえで、金融機関との取引状況を入手して、簡単なコンサルティングを提供するような個人情報の集約を前提とするビジネスもあります。

情報に付加価値を加えて結果を見せる

　集約した情報に、専門家の知見を付加価値として加えて、個々のユーザーに対応したサービスを提供するビジネスもあります。美術館などの学芸員を意味するキュレーター（Curator）が専門的なノウハウで対象を探すようなサービスであることから、**キュレーション**と呼ばれています（図4-20）。

　スタイリストが選んだ服が定期的に送られてくる、日々あふれているニュースの中で関心の高いニュースに専門家のコメントが付加されて届けられる、専門家に相談したい企業に専門家とのミーティングの機会を提供するなど、専門家と求める人をつなぐサービスです。

　アグリゲーションやキュレーションはWebでのビジネスを検討する際に参考となりますが、マッチングのネタも見せるのがアグリゲーション、ノウハウや本質は見えないのがキュレーションと考えるとわかりやすいです。

図4-19　アグリゲーション・サービスの例

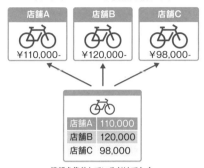

オンラインモールや価格比較サイト

店舗A	店舗B	店舗C
🚲	🚲	🚲
¥110,000-	¥120,000-	¥98,000-

🚲	
店舗A	110,000
店舗B	120,000
店舗C	98,000

情報を集約しているだけでなく、
各店舗のページにリンクも貼られていて
すぐに購入もできる

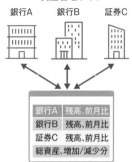

資産管理サイト

銀行A　銀行B　証券C

銀行A	残高、前月比
銀行B	残高、前月比
証券C	残高、前月比
総資産、増加/減少分	

ユーザーと金融機関の双方の了解を取って
資産状況の報告やコンサルティングを
提供する

図4-20　キュレーション・サービスの例

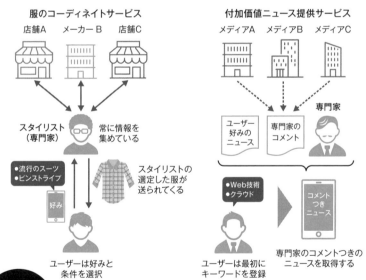

服のコーディネイトサービス

店舗A　メーカーB　店舗C

スタイリスト
（専門家）　　常に情報を
　　　　　　集めている

●流行のスーツ
●ピンストライプ

好み

スタイリストの
選定した服が
送られてくる

ユーザーは好みと
条件を選択

付加価値ニュース提供サービス

メディアA　メディアB　メディアC

| ユーザー好みのニュース | 専門家のコメント | 専門家 |

●Web技術
●クラウド

コメントつきニュース

ユーザーは最初に
キーワードを登録

専門家のコメントつきの
ニュースを取得する

Point

📝 Webビジネスを検討するのに、アグリゲーションやキュレーションの視点は参考になる

📝 マッチングのネタも見られるのがアグリゲーション、ノウハウは見えないのがキュレーションと考えるとわかりやすい

» ユーザーの行動全体を重視する

ユーザーの行動全体を見る

　ここ10年くらいでマーケティングは大きく変わっており、商品やサービスが購入される直前・直後を見るだけでなく、ユーザーの行動全体を意識して販売を進めていく考え方が主流となっています。

　実際に顧客接点となるWebなどのシステムでは、UX（User eXperience）デザインと呼ばれている、**ユーザーが得られる満足する体験を目指して設計することが多く、見た目をかなり重要視しています。**それを受けてここ数年はスマートフォンなどでの商品やサービスを紹介する、あるいは注文を受けつける画面は劇的にわかりやすく、かつクールになっています。

　そのために、プロジェクトの中に、図4-21のように専任のデザイナーが参画することが多くなっています。

購買行動を具体的に研究する

　顧客接点となるWebサイトやSNSなどを使いやすくて美しい画面にするために、モデルとなる顧客の人材像であるペルソナや、購買行動を事前に研究するカスタマージャーニーなどの手法が使われています。

　ペルソナやカスタマージャーニーで取り組む背景には、**ユーザーの行動全体を重視して、購入の契機にさかのぼることや、提供側で気づかなかった課題を明らかにして、競合優位性を確立する目的があります。**

　図4-22はペルソナを設定してカスタマージャーニーを分析する一例です。接点となるシステムのオペレーションに求められるうわべの機能や外観だけでなく、ビジネスの進め方の課題も認識できます。

　顧客向けのビジネスでDXを考える際に、UXの検討は欠かせないといわれることがありますが、既存ビジネスの修正であっても十分に有効な手段であることがわかります。

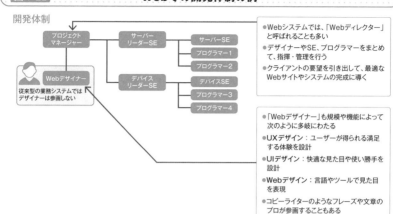

図4-21　Webでの開発体制の例

開発体制

プロジェクトマネージャー ─ サーバーリーダーSE ─ サーバーSE / プログラマー1 / プログラマー2

Webデザイナー（従来型の業務システムではデザイナーは参画しない）

デバイスリーダーSE ─ デバイスSE / プログラマー3 / プログラマー4

- Webシステムでは、「Webディレクター」と呼ばれることも多い
- デザイナーやSE、プログラマーをまとめて、指揮・管理を行う
- クライアントの要望を引き出して、最適なWebサイトやシステムの完成に導く

- 「Webデザイナー」も規模や機能によって次のように多岐にわたる
- UXデザイン：ユーザーが得られる満足する体験を設計
- UIデザイン：快適な見た目や使い勝手を設計
- Webデザイン：言語やツールで見た目を表現
- コピーライターのようなフレーズや文章のプロが参画することもある

図4-22　ペルソナとカスタマージャーニーの検討の例

ペルソナ：

システム部門のマネージャー　40代前半
- ITに関する基礎知識やシステム構築の経験などもあり
- PC、スマートフォンともに利用、コミュニケーションも良好

カスタマージャーニー　行動の目的：A部門のファイルサーバーをクラウド化したい

ステージ	認　知	検　討	購　入	利　用
シーン	探す	選ぶ	注文	設定・構築
行動	クラウド事業者のサービスを調査	候補を比較して選定	契約	設定と構築
思考	価格や性能などの条件に合うのはどのサービスか	短時間で確認したい	わかりやすくてスムーズな手続きを求める	間違いなく進めたい、サポートがしっかりしていると安心
接点とオペレーション	Webサイトでの各社の概要や評判などの調査	各社のサイトでサービスの詳細を確認	サイトや担当セールスへの申し込み	オンラインマニュアルやQA対応などをもとに作業を進める
課題	多数の事業者がある	各社の項目が異なるので比較も大変	事業者によってはわかりにくい	事業者によってはわかりにくい

カスタマージャーニーで整理する目的にはシステムの操作に向けた設計もあるが、ビジネスチャンスも見えてくる

例1）シンプルでわかりやすい説明を提供する
　　←クラウド事業者のサイトは難しい用語が多く使われていてわかりにくい
例2）ファイルサーバー向けクラウドサービスなどのように用途で見せたらどうか！
　　←用途を抜きにしてサーバーの性能やクラウドサービスではリージョンやAZの話が先にくることが多い

Point

- ユーザーが得られる満足を目指して設計するUXデザインはWeb関連のビジネスでの主流
- ユーザーの行動全体を研究することは、DXの検討でも欠かせない

やってみよう

ペルソナの設定

4-11ではペルソナとカスタマージャーニーの検討例について解説しました。近年、さまざまなビジネス企画のシーンで利用されている手法です。

ご自身や所属する企業や団体が手掛けているビジネスの1つをオンライン化することで考えてみましょう。

まずは、ペルソナの設定です。ここで企業の部門や部署などではなく、マネージャーなどの個人に落とし込むことが重要です。

●ペルソナ　イラストを描くとイメージがわきます！

 ××株式会社　○○営業部長

カスタマージャーニー

たいていのビジネスには競合がありますから、競合が存在する前提で、シーンは探す、選ぶ、注文／契約とします。利用までを考えると時間がかかるので、3つのシーンで、それぞれの空欄に単語ベースで埋めてみてください。

●カスタマージャーニー

ステージ	認知	検討	購入
シーン	探す	選ぶ	注文／契約
行動			
思考			
接点やオペレーション			
課題			

単語をベースに作成すると意外と簡単にできます。

これを契機に必要な際に取り組むことをお勧めします。

DXの基盤を担うクラウド
～クラウドのサービスと技術～

第 **5** 章

≫ DXのバックエンド技術

バックエンドの役割

3-1でDXのフロントエンドを支える技術について解説しました。

フロントエンドでは、人が操作するデバイスやソフトウェアもあれば、人の操作を必要とせずに自動的にデータを取得してサーバーに送信するデバイスもあります。

それらのデバイスやソフトウェアは、**人間が処理するよりもはるかに高速で、あるいは人間では不可能なデータを取得することもできます。**

バックエンドも同様に人間の能力を超えるしくみがそろっています。フロントエンドが人の五官であれば、バックエンドは人の神経や頭脳にあたります（図5-1）。

バックエンドの主な技術

DXの実現に向けて利用されているバックエンドの主な技術は次の通りです（図5-2）。

- クラウド
- データ分析
- Web技術
- ブロックチェーン

これらの他にもフロントエンドでも解説したAIや多様なネットワークなどがあります。

バックエンド側はもちろん多様な技術の複合体として実装されます。この後、本章では必須の基盤ともいえるクラウドについて解説します。
クラウドを使いこなせるか、あるいはどのように上手に活用するかはDX実現のカギを握っているともいえます。

図5-1　フロントは五官、バックエンドは神経や頭脳にあたる

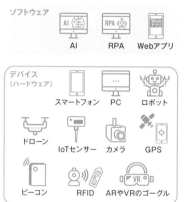

フロントエンドの技術は
人の五官などに相当する

クラウドやデータ分析
などの技術

バックエンドの技術は
人の頭脳や神経に相当する

図5-2　DXで利用されるバックエンドの主な技術

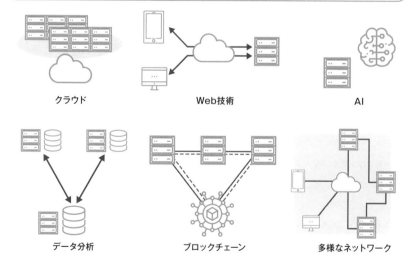

Point

- DXのシステムのバックエンドはフロントエンドと同様に人間の能力を超えるしくみがそろっている
- クラウドはDXの実現において基盤ともいえる存在

バックエンドに不可欠なクラウド

クラウドとは？

クラウドとは、クラウドコンピューティングの略称で、**情報システムならびにサーバーやネットワークなどのIT資産をインターネット経由で利用する形態**をいいます。

クラウドは、クラウドサービスを提供する事業者とそれらのサービスを利用する企業や団体、個人で構成されます。もともとはインターネットを表現していた雲のマークで表現されることも多くなってきました（図5-3）。

クラウドサービスの特徴

クラウドサービスは、柔軟なシステムが求められるDXにおいては必須の存在です。大きく次の2つの特徴があります（図5-4）。

❶利用に関する特徴

- ●従量課金

   システムを利用した時間や量に応じて費用が発生します。

- ●利用量の拡大や縮小が容易

   利用状況に応じた調整が容易にできます。

❷IT機器やシステムに関する特徴

- ●IT機器や関連設備は事業者が保有
- ●機器や設備などの運用は事業者が行う
- ●セキュリティや多様な通信手段への対応が整備されている

クラウドでは、**実際にサービスを提供する能力のもととなるIT機器やシステムも事業者に任せられる**ことから、ユーザー企業は自らのビジネスやDXの実現に専念できます。

図5-3　クラウドの登場人物

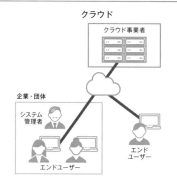

クラウド

クラウド事業者

企業・団体

システム
管理者

エンドユーザー

エンド
ユーザー

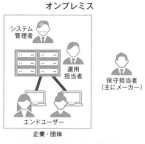

オンプレミス

システム
管理者

運用
担当者

保守担当者
（主にメーカー）

エンドユーザー

企業・団体

● ここには出ていないが、システム構築の際の
設計者や開発者も存在する
● オンプレミスの方が登場人物ははるかに多い

図5-4　クラウドサービスの特徴

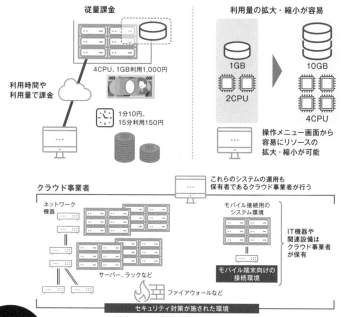

従量課金

利用時間や
利用量で課金

4CPU、1GB利用1,000円

1分10円、
15分利用150円

利用量の拡大・縮小が容易

1GB

2CPU

10GB

4CPU

操作メニュー画面から
容易にリソースの
拡大・縮小が可能

クラウド事業者

これらのシステムの運用も
保有者であるクラウド事業者が行う

ネットワーク
機器

サーバー、ラックなど

モバイル接続用の
システム環境

IT機器や
関連設備は
クラウド事業者
が保有

モバイル端末向けの
接続環境

ファイアウォールなど

セキュリティ対策が施された環境

セキュリティや多様な通信環境が整備されている

Point

🖋 クラウドは情報システムやサーバー、ネットワークなどのIT資産をインターネットで利用する形態

🖋 フレキシブルな利用が可能であることから、ユーザー企業は自らのビジネスやDXの実現に専念できる

≫ クラウドのサービスの分類

クラウドの主要な3つのサービス

　現在のクラウドでは、ICTリソースのすべてが提供されていて、サービスの多様化が進んでいます。ユーザー企業のニーズに応じた利用ができるようになっていますが、主要な3つのサービスを見ておきます（図5-5）。

- ●IaaS（**Infrastructure as a Service**）
  　事業者がサーバーやネットワーク機器、OSを提供するサービスで、ミドルウェアや開発環境、アプリケーションは、ユーザーがインストールします。
- ●PaaS（**Platform as a Service**）
  　IaaSに加え、ミドルウェアとアプリケーションの開発環境が加わります。ISPのレンタルサーバーはWebシステムに特化したIaaSやPaaSです。
- ●SaaS（**Software as a Service**）
  　ユーザーはアプリケーションとその機能を利用するサービスで、アプリケーションの設定・変更などを行います。

独自のDXシステムの場合

　ユーザーが自ら開発する独自のDXのシステムなどでは、IaaSかPaaSが選択されます。 クラウドネイティブと呼ばれているように、クラウド環境でシステムを開発してそのまま運用する形態も増えてきたことから、PaaSの利用が増えています（図5-6）。クラウド事業者の大半はIaaSとPaaSの両方を提供しています。

　SaaSについては**8-1**や**8-6**でも触れますが、こちらも近年のDXでは重要な存在になっています。

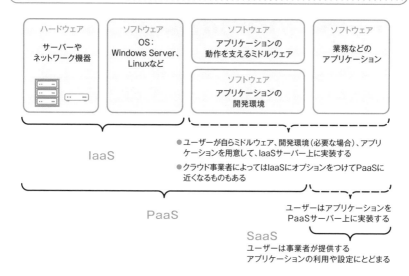

図5-5 IaaS、PaaS、SaaSの関係

ハードウェア
サーバーや
ネットワーク機器

ソフトウェア
OS：
Windows Server、
Linuxなど

ソフトウェア
アプリケーションの
動作を支えるミドルウェア

ソフトウェア
業務などの
アプリケーション

ソフトウェア
アプリケーションの
開発環境

IaaS

● ユーザーが自らミドルウェア、開発環境（必要な場合）、アプリケーションを用意して、IaaSサーバー上に実装する
● クラウド事業者によってはIaaSにオプションをつけてPaaSに近くなるものもある

PaaS

ユーザーはアプリケーションを
PaaSサーバー上に実装する

SaaS
ユーザーは事業者が提供する
アプリケーションの利用や設定にとどまる

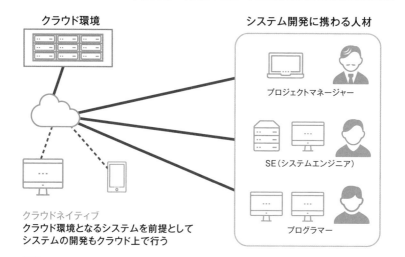

図5-6 クラウドネイティブによるシステム開発

クラウド環境

システム開発に携わる人材

プロジェクトマネージャー

SE（システムエンジニア）

プログラマー

クラウドネイティブ
クラウド環境となるシステムを前提として
システムの開発もクラウド上で行う

Point

🖊 クラウドの主要なサービスとして、IaaS、PaaS、SaaSの3つがある

🖊 独自のDXのシステムではIaaSかPaaSが利用される

135

» クラウドの2つの潮流

クラウドといえばパブリック

一般的にクラウドサービスというときには、いわゆるパブリッククラウドを指すことが多いです。

パブリッククラウドは、クラウドサービスの象徴的な存在であるAmazonのAWS、マイクロソフトのAzure、GoogleのGCPなどが、不特定多数の企業や団体、個人に対して提供しているサービスです。

パブリックの特徴は、コストメリットや最新技術がいち早く利用できることが挙げられますが、ユーザーが自ら利用するサーバーなどに関しては、システムの全体構成の中で最適な場所のCPU・メモリ・ディスクに割り当てられることから、自らが契約するサーバーがどれかは見えません（図5-7）。

プライベートクラウドとWebシステム

それに対して、自社のためにクラウドサービスを提供する、あるいはデータセンターなどに自社のためのクラウドのシステムを構築するのがプライベートクラウドです。この形態であれば、どのシステムがどのサーバーを利用しているかを把握できます（図5-8）。

クラウドの市場自体は毎年拡大を続けています。一時期はパブリックとプライベートが二分する状況でしたが、最近では、パブリックの人気が高まっています。SaaSが特定のアプリケーションのパブリックでもあることから、ユーザー企業がパブリックに慣れてきたともいえます。

パブリックとプライベートのどちらに重きを置くかは、利用するユーザーが限定的であればプライベートでも問題ありませんが、不特定のユーザーにも利用してもらう、あるいはシステムの規模が変わっていくようであれば柔軟に対応できるパブリックが選ばれることが多いです。**最近は両方を使い分ける企業も増えています。**

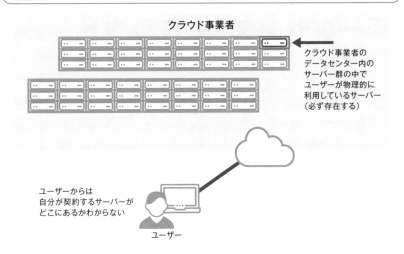

図5-7 パブリッククラウドではどこに契約したサーバーがあるか見えない

クラウド事業者

クラウド事業者の
データセンター内の
サーバー群の中で
ユーザーが物理的に
利用しているサーバー
（必ず存在する）

ユーザーからは
自分が契約するサーバーが
どこにあるかわからない

ユーザー

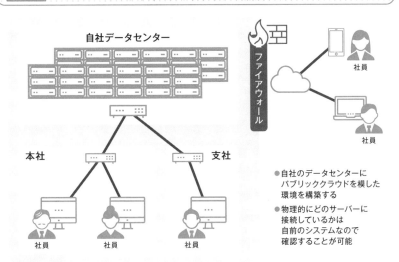

図5-8 プライベートクラウドの特徴

自社データセンター

ファイアウォール

社員

社員

本社　　　　　　　　　　　　支社

社員　　　社員　　　社員

● 自社のデータセンターに
　パブリッククラウドを模した
　環境を構築する
● 物理的にどのサーバーに
　接続しているかは
　自前のシステムなので
　確認することが可能

Point

✎ クラウドサービスというときにはパブリッククラウドを指すことが多い
✎ パブリックとプライベートは利用シーンに応じて選択されるが、両方を使
　い分けている企業もある

≫ データセンターとクラウド

データセンターとは？

　データセンターは1990年代から普及して、現在はクラウドを支えるファシリティの基盤となっています。

　主要な建築会社やITベンダーで設立されている日本データセンター協会（JDCC：Japan Data Center Council）では、データセンターを、分散するIT機器を集約設置し、効率よく運用するために作られた専用の施設と定義し、インターネット用のサーバーやデータ通信、固定・携帯・IP電話などの装置を設置・運用することに特化した建物の総称を指すとしています（図5-9）。

データセンターが提供するサービス

　データセンターを事業として運営しているベンダーが提供するサービスは大きく3つのタイプがあります（図5-10）。

- ●ホスティングサービス：データセンターのファシリティ（建物、関連設備）とともに、ICTの運用、ICTリソースの保有まで提供し、ユーザーはソフトウェアをどうするかに集中できます。
- ●ハウジングサービス：ICT機器などのリソースはユーザーが保有していて、運用の監視などはセンター側で行います。
- ●コロケーションサービス：データセンターはファシリティまでの提供にとどまります。

　データセンターのサービスにおいては、**クラウドはホスティングにあたります。ISPのレンタルサーバーもホスティングです。**

　ハウジングやコロケーションは、ネットワーク接続の利便性、堅牢なファシリティ利用などのニーズで選ばれることがあります。

データセンターの設備

サーバーはネットワーク機器などのIT機器以前に
設置する電源、空調設備、ラック、そしてそれらを受け入れる建物が必要

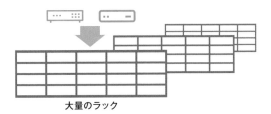

大量のラック

大型の電源設備

大型の空調設備

建物（データセンター）

ホスティング、ハウジング、コロケーションの違い

	データ センターの 建物	データセンターの 設備 （電源、空調、ラック、 セキュリティ設備など）	ICT運用 （システム監視、 媒体の交換など）	ICTリソース・機器 （サーバー、ネット ワーク機器など）
ホスティング サービス	事業者保有	事業者保有	事業者が行う	事業者保有
ハウジング サービス	事業者保有	事業者保有	事業者が行う	ユーザー保有
コロケーション サービス	事業者保有	事業者保有	ユーザーが行う	ユーザー保有

クラウドはホスティングサービスと同様で、建物、設備、運用、機器はすべて事業者の保有や
実行となる

Point

🖊 データセンターは、主に、ホスティング、ハウジング、コロケーション
の3つのサービスで提供されている

🖊 クラウドやレンタルサーバーはホスティングサービスにあたる

≫ 仮想のプライベートクラウド

プライベートクラウドをパブリック上で実現する

5-4でパブリッククラウドとプライベートクラウドについて解説しましたが、プライベートクラウドをパブリッククラウド上で実現するサービスもあります。**VPC**（Virtual Private Cloud）と呼ばれています。

自社で保有・管理しているデータセンターは物理的な事業所ですが、VPCで実現するプライベートクラウドのセンターは**バーチャルなデータセンター**です（図5-11）。

現実の利用シーンとしては、複数のクラウド化できるシステムなどをまとめて運用管理したい場合に使われます。あるいはプライベートクラウドを構築する前段階として、使われることもあります。

比較的規模の大きいWebのシステムなどは、VPC上に構築されることも増えています。

Webシステムの置き場所

クラウド事業者のデータセンター内に構築されるVPCのネットワークと自社のネットワークは、VPNや専用線などで接続されます。VPC内の仮想サーバーやネットワーク機器には、プライベートなIPアドレスを割り当てることができるので、自社の拠点間でサーバーなどのIPアドレスを指定してアクセスするのと同じように接続できます。

ここまでを整理すると、DXでよく使われるWebシステムを物理的にどこかに構築して運用する際には、**ISPのレンタルサーバーなどの利用、パブリッククラウドの中のサービスの利用、パブリッククラウドの中のVPC、データセンター事業者、自社のデータセンターやプライベートクラウド環境などが実質的な選択肢になる**ということです（図5-12）。

図5-11 VPCの概要

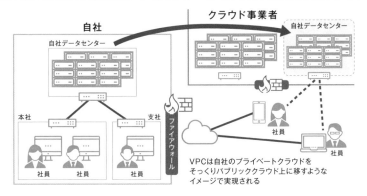

VPCは自社のプライベートクラウドを
そっくりパブリッククラウド上に移すような
イメージで実現される

図5-12 Webシステムの置き場所

ISPのレンタルサーバーまたはパブリッククラウドの利用

自社データセンターや
プライベートクラウド環境

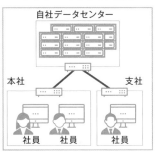

パブリッククラウドの中の
VPCまたはデータセンター事業者内

Point

- VPCはパブリッククラウド上でバーチャルなデータセンターを構築できるサービス

- DXのシステムがWebなどの場合、その置き場所はデータセンター、パブリック、VPC、プライベートクラウドが選択肢となる

大量のITリソースを管理するしくみ

大量のITリソースの管理

クラウド事業者やISPのデータセンターでは大量のサーバーやネットワーク機器、ストレージなどが配備されています。大規模なセンターになるとサーバーだけでも1万台を超えます。本節では参考としてデータセンター側のしくみを見ておきます。

データセンターには**コントローラー**と呼ばれているサーバーがあり、サービスを一元的に管理・運用しています。**クラサバシステムのサーバーが多数のクライアントPCを管理するのと同じように、コントローラーが大量のサーバーやネットワーク機器などを管理しています**（図5-13）。

コントローラーの機能

コントローラーが持っている主な機能を整理すると次の通りです。

- 仮想サーバー、ネットワーク、ストレージの管理（図5-14）
- リソース配分（ユーザーの割り当て）
- ユーザー認証
- 稼働状況の管理

基本的には規模は別として、システムの運用管理で必須の機能です。

クラウド事業者のデータセンターでは、図5-14のように、物理的な量の拡張がしやすい構成を取っているのが特徴ですが、このような発想はさまざまなシステムで参考になります。

なお、OSSを利用してクラウドサービスを提供している事業者の間では、IaaSの基盤はOpenStack、PaaSの基盤はCloud Foundryなどのように、デファクトとなりつつある基盤ソフトがあります。

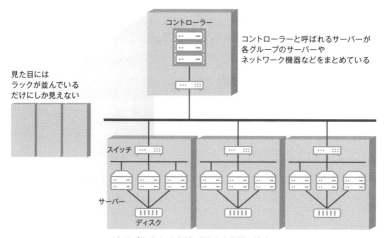

図 5-13 コントローラーの概要

コントローラー

コントローラーと呼ばれるサーバーが
各グループのサーバーや
ネットワーク機器などをまとめている

見た目には
ラックが並んでいる
だけにしか見えない

スイッチ

サーバー

ディスク

これはプライベートなどの限られた規模の構成。
クラウド事業者は図5-14のように拡張性を持った構成となっている

図 5-14 コントローラーの主な機能

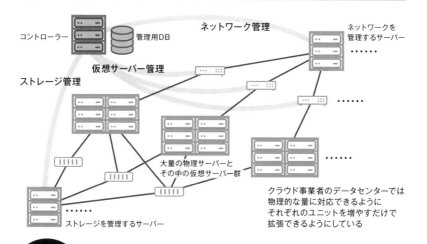

コントローラー

管理用DB

ネットワーク管理

ネットワークを
管理するサーバー

仮想サーバー管理

ストレージ管理

大量の物理サーバーと
その中の仮想サーバー群

ストレージを管理するサーバー

クラウド事業者のデータセンターでは
物理的な量に対応できるように
それぞれのユニットを増やすだけで
拡張できるようにしている

Point

🖉 大量のサーバーやネットワーク機器などをマネジメントするためにコントローラーと呼ばれるサーバーが存在する

🖉 コントローラーはクラサバシステムのサーバーのような役割を果たす

143

≫ 既存システムを クラウド化するには？

2段階の移行作業

クラウドに関しての理解が深まったところで、既存のシステムをクラウド化する場合について考えてみます。デジタル化やDXでよくある話です。

システムを別の環境に移行することを**マイグレーション**といいますが、実際の移行作業はそれほど簡単ではありません。仮想環境でないシステムをクラウド環境に移行するには大きく2つの段階があります（図5-15）。

段階1：サーバーの仮想化

クラウドサービスは基本的には仮想環境を前提としています。そのために既存システムを仮想環境に移行します（仮想サーバーについては**5-9**で解説）。

段階2：クラウド環境への移行

仮想化されたシステムをクラウド上に移行します。システムの規模や利用しているソフトウェアの多い・少ないで工数は異なります。

段階1については、以前は移行計画書で手順を定めて綿密に実施していましたが、近年は仮想化ソフトのマイグレーションツールを利用して行います。もちろん段階1が済んでいれば2だけを進めます。

クラウドへの移行には専用サーバーを用いる

クラウドへの移行では、オンプレミスの仮想サーバーからクラウドの仮想サーバーにマイグレーションすることもあります。しかし、確実に進めたいことや環境ならびにハード・ソフトの親和性などから、**クラウド事業者側に専用の物理サーバー（ベアメタルと呼ばれることもある）を用意して、一度そこにコピーを作成してから展開するケースが増えています**（図5-16）。

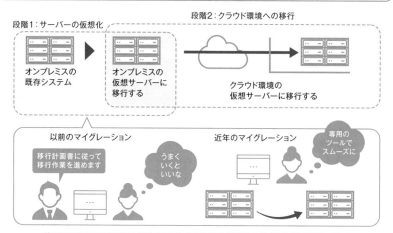

図5-15　クラウドへの移行～2つの段階～

段階1：サーバーの仮想化

段階2：クラウド環境への移行

オンプレミスの既存システム → オンプレミスの仮想サーバーに移行する

クラウド環境の仮想サーバーに移行する

以前のマイグレーション

移行計画書に従って移行作業を進めます

うまくいくといいな

近年のマイグレーション

専用のツールでスムーズに

移行のために工数や費用が発生することもあるので、技術的な観点とともに留意しておく

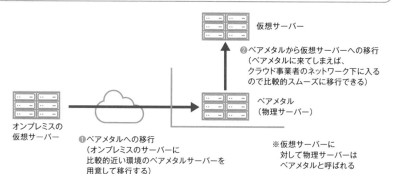

図5-16　ベアメタルを利用した移行の方法

仮想サーバー

❷ベアメタルから仮想サーバーへの移行
（ベアメタルに来てしまえば、クラウド事業者のネットワーク下に入るので比較的スムーズに移行できる）

ベアメタル
（物理サーバー）

オンプレミスの仮想サーバー

❶ベアメタルへの移行
（オンプレミスのサーバーに比較的近い環境のベアメタルサーバーを用意して移行する）

※仮想サーバーに対して物理サーバーはベアメタルと呼ばれる

留意点
- 一般的に、オンプレミスの物理サーバーから仮想サーバーにシステムを移行するとシステムのレスポンスは若干低下することが多い
- これは仮想化ソフトがOSに加わる、あるいは複数の仮想サーバーでリソースを共有するので仕方ないのだが、無線LANがときどき不安定になるようにユーザーとしては慣れるしかない

Point

✎ 既存システムをクラウドに移行するには、サーバーの仮想化、仮想化されたサーバーのクラウド環境への移行の順で行うことが多い

✎ クラウド事業者内に移行作業専用のサーバーを設置して行うこともある

既存システムの クラウド化の障壁

クラウドのサーバーは仮想サーバー

既存のシステムをWeb化する場合などには、インフラが整備されているクラウド環境に載せるのが早いのですが、その際に障壁となるのは、クラウドサービスで提供されているサーバーが仮想サーバーであることです。

仮想サーバーは、VM（Virtual Machine）、インスタンスなどとも呼ばれますが、物理的なサーバーを例として説明すると、1台のサーバーの中に複数台のサーバーの機能を仮想的あるいは論理的に持たせることを意味します（図5-17）。物理サーバーに仮想環境を構築する専用のソフトウェアをインストールして実現します。

仮想環境であることを確認する

仮想化のソフトウェアとしては、VMWareやHyper-V、OSSのXen、KVMなどが有名です。

物理的なサーバーの中に仮想サーバーを割り当てますが、仮想化ソフト上での仮想サーバーの見え方は、図5-18のようにシンプルです。運用監視ソフトが多数のサーバーの稼働状況を見るのと同じように管理できます。

企業や団体のシステムでも、仮想サーバーの導入は、かなりの割合で進んでいますが、比較的古いシステムでは仮想環境になっていないことも多いです。

クラウド事業者や大量のレンタルサーバーを保有しているISPでは、仮想サーバーがあることで、効率的な運用ができるようになっています。

既存のシステムの更新とともにDXを検討するモダナイなどの場合では、システムが古いことも多いので、**仮想環境になっているかの確認が必要**です。仮想化されていれば、比較的スムーズに、クラウドサービスに移行できます。

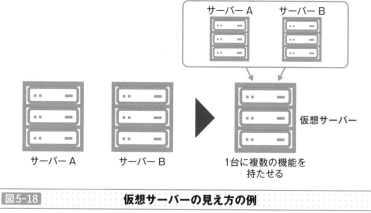

図5-17 仮想サーバーの概要

サーバー A サーバー B

サーバー A サーバー B

仮想サーバー

1台に複数の機能を
持たせる

図5-18 仮想サーバーの見え方の例

Hyper-Vマネージャーの画面例

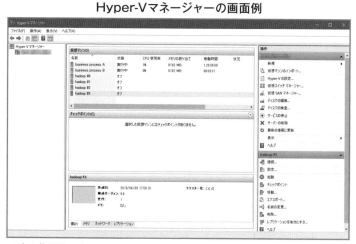

1台の物理サーバーに、business process A・B、Hadoop #0〜#3 の
6台の仮想サーバーが設定されている例

Point

- クラウドサービスでは基本的には仮想サーバーでサービスが提供されて
  いる
- 既存のシステムをDXとからめてクラウド化したい場合には、仮想化がで
  きているか確認してほしい

» サーバーの仮想化技術の動向

サーバーの仮想化技術の多数派

本節ではサーバーの仮想化技術の動向について見ておきます。仮想化技術のトレンドもここ数年で変わりつつあります。

これまで仮想化シーンをリードしてきた製品は、VMWare、vSphere、Hypervisor、Hyper-V、Xen、Linuxの機能の1つであるKVMなどですが、これらはハイパーバイザー型と呼ばれています。

ハイパーバイザー型は現在の仮想化ソフトの多数派となっていますが、物理的なサーバー上での仮想化ソフトとして、その上にLinuxやWindowsなどのゲストOSを載せて動かします。ゲストOSとアプリケーションから構成される仮想サーバーがホストOSの影響を受けないように動作するので、複数の仮想サーバーを効率的に稼働させることができます。ハイパーバイザー型が主流となる以前には、ホストOS型もありましたが、処理速度の低下などが起きやすいことから、現在では一部のミッションクリティカルなシステムなどでの限定的な利用となっています（図5-19）。

今後の主流となる可能性が高い軽量仮想化基盤

仮想化技術で今後の主流になるといわれているのがコンテナ型です。コンテナの作成にはDockerというソフトウェアを使います。

コンテナ型の構成では、ゲストOSはホストOSのカーネル機能を共用することで軽量化しています。コンテナ内のゲストOSには必要最小限のライブラリしか含まないことから、CPUやメモリへの負荷が小さく高速な処理を実現できます。アプリケーションの起動がスムーズになり、リソース効率がよくなります。さらに、仮想サーバーのパッケージを小さく軽量化できることがポイントです（図5-20）。各サーバーにコンテナ環境があれば、コンテナ単位で別のサーバーに移行することもできます。

コンテナ型が主流となる可能性が高い理由には、軽量化に加えて、機能ごとの分割やサーバー間の柔軟な移動があります。

図5-19　ハイパーバイザー型とホストOS型

ハイパーバイザー型

仮想サーバー	仮想サーバー
アプリ　アプリ	アプリ　アプリ
ゲストOS	ゲストOS

仮想化ソフト
OS

物理サーバー

- OSと仮想化ソフトがほぼ一体なので完全な仮想環境を提供する
- 障害発生の際に仮想化ソフトかOSかの切り分けは難しい
- 比較的新しいシステムに多い

ホストOS型

仮想サーバー	仮想サーバー
アプリ　アプリ	アプリ　アプリ
ゲストOS	ゲストOS

仮想化ソフト

OS

物理サーバー

- 仮想サーバーから物理サーバーにアクセスする際はホストOSを経由するので速度の低下などが起きやすい
- 障害発生の際の切り分けはハイパーバイザーよりしやすい
- 伝統的なミッションクリティカルなシステムなどでは根強い人気がある

図5-20　コンテナ型とコンテナ単位での移動

コンテナ型

コンテナ	コンテナ
アプリ	アプリ
ゲストOS	ゲストOS

仮想化ソフト（Docker）
カーネル機能
ホストOS

物理サーバー

コンテナ1	コンテナ2		コンテナ2
アプリ	アプリ	→	アプリ

Docker	Docker

- 仮想化ソフト（Docker）が1つのOSをコンテナと呼ばれるユーザー向けの箱に分割
- 箱ごとに物理サーバーのリソースを独立して利用できる
- コンテナのゲストOSはホストOSのカーネル機能を共有できる

- Dockerの環境があれば比較的スムーズに移行できる
- アプリケーション単位で移行ができるので管理もしやすい
- 上級者になると1アプリ1コンテナでシステムを構築するが、現実的には1アプリ複数コンテナで作ることが多い

Point

- ✎ サーバーの仮想化技術ではハイパーバイザー型が多数派を占めている
- ✎ 今後の主流になるといわれているコンテナ型は、仮想サーバーを軽量化できて、コンテナ単位での移行ができる特徴がある

» クラウドの新たな潮流

Webシステムとコンテナ

　少し細かくなりますが、クラウドのトレンドを理解することはDXの基盤への理解でもあるので、**5-10**で解説したコンテナに関わる状況も見ておきます。

　コンテナのしくみを利用すると、**サービスや機能ごとにコンテナを作成して、それぞれの仮想サーバーを置くことも可能**です。Webシステムの例であれば、認証、DB、データ分析、データ表示などのサービスごとにコンテナを作成します。それぞれのサービスやアプリケーションがOSSを利用していて、頻繁にバージョンやレベルアップの更新作業が必要となりますが、あらかじめ別の仮想サーバーにしておくことで、他のサーバーに影響を与えることなくスムーズな更新が可能となります。

一連のコンテナの管理

　それぞれのサービスのコンテナは、Dockerとネットワークの環境があれば、必ずしも同一の物理サーバー上に搭載する必要はありません。ただし、一連のサービスを管理して、どの順番でサービスを動作させる、などの異なるサーバー間に存在するコンテナの関係性を管理する**オーケストレーション**が必要となります（図5-21）。代表的なOSSとして**Kubernetes**（クーバネティス）があります。Kubernetesのようなソフトがあると、コンテナはどこにあってもよいので、大量のデータ分析に強い高性能なサーバー、認証に特化した普及版のサーバーなどに分けることも可能です。クラウド事業者間をまたぐこともできます（図5-22）。

　対象となるDXのシステムの将来や最終形をイメージできれば、サービスやアプリケーションとそれらを載せた仮想サーバーと、物理サーバーの関係は定義できます。高度なしくみですが、コンテナとオーケストレーションも選択肢の1つとして持っておきましょう。

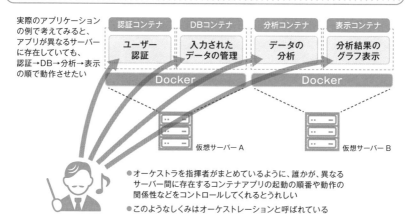

| 図5-21 | コンテナの実装の例 |

実際のアプリケーションの例で考えてみると、アプリが異なるサーバーに存在していても、認証→DB→分析→表示の順で動作させたい

認証コンテナ	DBコンテナ	分析コンテナ	表示コンテナ
ユーザー認証	入力されたデータの管理	データの分析	分析結果のグラフ表示

Docker　　　　　Docker

仮想サーバー A　　　仮想サーバー B

●オーケストラを指揮者がまとめているように、誰かが、異なるサーバー間に存在するコンテナアプリの起動の順番や動作の関係性などをコントロールしてくれるとうれしい
●このようなしくみはオーケストレーションと呼ばれている

| 図5-22 | Kubernetesの機能の概要 |

●Kubernetesがそれぞれのコンテナの関係性や動作をコントロールする
●物理サーバーは変わらないが、仮想サーバーとコンテナはよりよい環境を求めて動いていく

コンテナはサーバーの性能や負荷、あるいはユーザーの利用状況に応じて柔軟に仮想サーバーでの配置が変更される

豆知識
・Kubernetesは「k8s」と記載されることも多い
・"k"+8文字(ubernete)+語尾の"s"

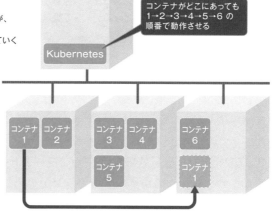

Kubernetes

コンテナがどこにあっても1→2→3→4→5→6の順番で動作させる

コンテナ1　コンテナ2　コンテナ3　コンテナ4　コンテナ6
コンテナ5　コンテナ1

Point

🖋 サービスや機能ごとにコンテナを作成して、別の物理サーバーに置くこともできる

🖋 DXで考えているサービスやシステムが変わっていくものでも、それについていけるシステム環境が整備されている

やってみよう

コンテナ化するサービスのピックアップ

　5-10と**5-11**でコンテナと関連する技術について解説してきました。コンテナは現在のクラウドサービスをけん引している技術の1つですが、ここで既存のWebシステムをコンテナ化するための練習をしておきたいと思います。

　コンテナの上級者は、「1サービス（アプリ）／1コンテナ」で実装している人が多いようですが、これを1つの基準と考えて進めてみます。

　次のようなケースで、どのようにコンテナ化するか考えてみてください。もちろん答えは複数にわたるかと思われます

ケース：Web上で売上一覧などを表示したいが、次の3つの機能から構成されている
- OSS1を利用した表示サービス
- OSS2を利用した表示のもとになるデータ分析
- さらにOSS3を利用した対象となるデータの管理

2つのアプローチ例

その1：

　小さなサービスをあわせて全体を実現する発想と、コンテナ内の部品を入れ替えても他のコンテナに影響を与えない発想から、分析結果表示サービス（OSS1起動＋分析結果表示処理）、データ分析サービス（OSS2 起動＋データ分析処理）のように複数のコンテナにします。例えば、後でのOSS1からOSS4への入れ替えなども想定すると、別のコンテナに影響を与えずに修正できます。

その2：

　ケースをデータの流れで見ると、実は同じデータを扱っています。同じデータを扱う1つのサービスと捉えて1つのコンテナ内にパッキングします。

　ここではサービスで分ける例と扱うデータで分ける例を紹介していますが、何のためにどのように分けるかで切り方は変わります。

第6章

データ処理とネットワーク

～変わりゆくデータベースと典型的な処理～

» データについて考える

主要な3つのデータ形式

本章ではデータの取り扱いや分析について解説します。

フロントエンドのデバイスやアプリケーションで取得したデータはネットワークを経由してバックエンドにあるサーバーやシステムに届けられます。

フロントエンドとバックエンドでのデータの送受信を検討する際に確認しておくのは、どのようなデータ形式となるかです。

3-8で、GPSセンサーが受信したデータをXMLの形式で送信する例を紹介しました。例えば同じ内容のデータであっても、CSV形式やJSON形式で送信すると、図6-1のように見え方はまったく異なります。

データ量だけで考えればCSVが有力ですが、基本的にはデバイスの仕様、アプリケーション開発のしやすさ、あるいはサーバー側での処理に合う形式が選択されます。

主流はJSON

システム間でのデータの受け渡しについて考えてみると、十数年くらい前まではCSVが主流でした。その後はXMLが増えていき、現在ではJSONが主流になりつつあります。

JSONが選ばれる理由には、Webのシステム間でのデータの受け渡しでスタンダードとなりつつあることが挙げられます。

JSONはもともとWebアプリでよく利用されているJavaScriptと、連携するその他の言語とのやりとりで考案された形式でもあることから、Webシステムでのデータの受け渡しで多く使われています（図6-2）。

近年の傾向としては、フロントエンドとバックエンドのやりとりをHTMLではなく、JSONで行うことも増えています。開発者の立場からすれば、システムの中も、あるいは外も、JSONであればわかりやすい話です。

| 図6-1 | データ形式の例 |

XMLの例

```
<?xml version="1.0" encoding="UTF-8"?>
<name>GPS-0010 DataLog 2021-10-10</name>
<kpt lon="139.7454316 "lat=" 35.6585840">
<time>14:01:59</time>
</kpt>
<kpt lon="139.7673060 "lat=" 35.6954412">
<time>14:06:59</time>
</kpt>
...
```

CSVの例

```
"0010" , "20211010" , "139.7454316" , "35.6585840" , "14:01:59"
"0010" , "20211010" , "139.7673060" , "35.6954412" , "14:06:59"
```

JSONの例

```
[
{ "name" : "0010" , "date" : "20211010" , "lon" : "139.7454316" ,
"lat" : "35.6585840" , "time" : "14:01:59" }
{ "name" : "0010" , "date" : "20211010" , "lon" : "139.7673060" ,
"lat" : "35.6954412" , "time" : "14:06:59" }
]
```

| 図6-2 | JSONでのデータの受け渡し例 |

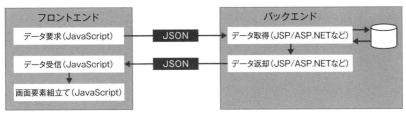

- JSONはWebシステム内のデータの受け渡しでの現在の主流
- フロントエンドとバックエンドを切り離して JSON形式でデータのやりとりをすることも増えている

※JSPやASP.NETはWebアプリ開発のためのフレームワーク（**8-4**で解説）

Point

- 主要なデータ形式として、CSV、XML、JSONが挙げられる
- 近年はWebシステムのやりとりで主流であることから、JSONの利用が増えている

≫ 変わりゆくデータベース①

従来型のデータベース

　業務システムで利用されるデータベースといえば、SQL ServerやOracle、DB2 あるいはAccessなどの**RDB**（Relational Database）を想像する方が多いと思います。

　RDBは、関係データベースとも呼ばれていて、データをテーブルや表として管理して、それらの関係性を定義することで多様なデータ処理を可能にしています。ある値を更新すると、関係のあるテーブルの値の更新も自動的にできる、テーブルを結合・参照して別の新たな表を作成できる、などの特徴があります（図6-3）。

　また、**SQL**（Structured Query Language）という専用の言語を利用してデータを操作します。精緻なデータ管理が可能である反面、複雑なしくみでもあることから、データ量の増大に迅速に対応できないデメリットもあります。

現代的なデータベース

　ここ10年の傾向としては、データベースは必ずしもRDBだけではなく、用途や状況に合わせてさまざまなタイプが利用されるようになってきました。SQLを使わない**NoSQL**（Not only SQL）と呼ばれるタイプの活用です。

　NoSQLには、1つのキーに1つまたは複数の値を持たせる単純な構造の**KVS**（Key-Value Store）や、キーにドキュメントデータを持たせる**ドキュメント指向**などがあります。いずれも図6-4のようにシンプルな構造で、サーバーやディスクを増やすことで**データの増大に対応できます**。

　NoSQLが求められているのは、Webでの検索のように、大量のデータから規則性の有無は別として、関連のある言葉やデータを見つけたいニーズがあるからです。データベース自体もシンプルですが、データの急増や多少曖昧な要求でも成果を得られるしくみです。

　新しい取り組みでのDXではNoSQLが適していることもあります。

図6-3　RDBの概要

テーブル（表）1

部署CD	部署名
0001	総務部
0002→0012	経理部
0003	営業部

テーブル（表）2

社員ID	氏　名	部署CD
100202	翔泳健太郎	0001
100203	鈴木美香	0002→0012
100204	伊藤理沙	0002→0012

● リレーショナルデータベースではデータの関係性が定義されている
● テーブル1の部署CDが変わるとテーブル2の部署CDも自動的に変わる

図6-4　KVSやドキュメント指向の概要

KVSの例

テーブル（表）1

氏　名	部署CD
翔泳健太郎	0001
鈴木美香	0002
伊藤理沙	0002

テーブル（表）2

部署CD	部署名
0001	総務部
0002	経理部
0003	営業部

● キー（左）とバリュー（右）の関係に特化
● キー＝0002なら、経理部が表示される
● テーブルごとにサーバーやストレージを分けることもしやすい
● RedisやRiakなどがある

ドキュメント指向の例

```
{"jid" : "100202" , "jname" : "翔泳健太郎" , "bcd" :
 "0001" , "bname" : "総務部"}
{"jid" : "100203" , "jname" : "鈴木美香" , "bcd" :
 "0002" , "bname" : "経理部"}
{"jid" : "100204" , "jname" : "伊藤理沙" , "bcd" :
 "0002" , "bname" : "経理部"}
```

● 例えば、bnameに経理部を含むjnameで検索すると、
　鈴木美香と伊藤理沙が表示される
● MongoDBなどがある

Point

🖉 以前はデータベースといえばRDBを指すことが多かった
🖉 NoSQLはデータの急増には対応しやすいしくみで新たなビジネスに向けたDXには適している

変わりゆくデータベース②

完全一致か関連性の有無か?

6-2ではデータベースがRDBだけではなく、KVSやドキュメント指向なども含めて、目的に応じて使い分けがされていることを解説しました。

例えば、図6-5の左のように、KVSではキーと値をセットにしていますが、そこに含まれているキーで検索をしないと求める値を見つけることは困難です。それに対して全文検索のアプリケーションの場合には、図6-5の右のように、必ずしも特定のキーを意識しないで、価格などの文字列から求める値を探すことができます。

全文検索は、**任意の文字列をキーとして、複数の文書を含めて検索して目的のデータを探し出す機能を提供します。**その際に、KVSなどであれば、キーと対になる値を拾いますが、全文検索では完全に一致する値ではなく、関連性の高い値を返してくれます。Googleなどの検索エンジンが、大量のHTMLなどの文書から関連性のあるデータを拾ってくれますか、同じようなしくみです。

全文検索とデータベースソフトと組み合わせて使うことで、さまざまな検索やデータ分析のニーズに応えることができます。

全文検索とデータベースの組み合わせ

全文検索アプリの例として、Elasticsearch（エラスティックサーチ）を見ておきます。**データベースソフトと組み合わせることで、完全に一致するデータだけでなく、関連性の高いデータを検索することもできます。**

図6-6は、Webでログを分析するシステムの構成例ですが、Elasticsearchに加えて、結果をビジュアル化して表示するKibana（キバナ）なども含まれています。

DXではさまざまなデータを連携させて分析することが増えていますが、データベースに加えて、全文検索のようなしくみが必要かどうかは確認すべきです。

図6-5	KVSと全文検索の違い

KVSでは、"翔泳健太郎"や"0001"のようなキーで検索をしないといけない

キー

テーブル（表）1

氏　名	部署CD
翔泳健太郎	0001
鈴木美香	0002
伊藤理沙	0003

キー

テーブル（表）2

部署CD	部署名
0001	総務部
0002	経理部
0003	営業部

全文検索では、設定次第で目的に応じた検索ができる

20211010

アカウント：SE，評価：4，コメント：まずまずの味
アカウント：星也，評価：3，コメント：価格からするとフツーかな
アカウント：マコ，評価：5，コメント：また注文します！
：
：
「価格」で
このコメントや文書がヒットする

20211011

アカウント：オジマ，評価：4，コメント：もう少し値段が安いとうれしい
アカウント：みさき，評価：5，コメント：うちの近くでは買えません
アカウント：猫，評価：4，コメント：パッケージがもっときれいだとなおよい
：
：
「価格」の同義語で「値段」を含む
このコメントや文書がヒットする

- 全文検索アプリとしてはElasticsearchやApache Solrなどがある
- 近年はRDBでも、機能追加などで全文検索に対応できるようになっている
- 英文では、Full Text Searchと呼ぶ

図6-6	Elasticsearchを利用したログ分析システムの構成例

仮想サーバー上でのログ分析システムの構成例

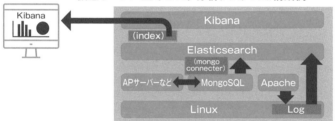

- Elasticsearchは全文検索アプリ、日本語対応には「kuromoji」などが必要
- 全文検索は文字列をキーにして、複数の文書を含めて検索して目的のデータを探し出す機能で検索エンジンのもととなるしくみ
- MongoSQLやLinuxのアクセスログが格納されるLogフォルダにElasticsearchからのアクセス権（ReadOnly）を付与することで、アクセスしてデータを読み取り解析する
- 解析した結果はIndexファイルとしてまとめられる（どのファイルのどこにどのようなことが含まれているかがインデックスされている）
- Kibanaは、このIndexの情報を図表として表示する

Point

- 全文検索は複数の文書から関連性のあるデータを拾える
- 全文検索アプリとデータベースを組み合わせるとさまざまなデータ分析のニーズに応えられる

» データ分析

データサイエンスでプラットフォーマーに

　データ分析は、ビッグデータやデータサイエンスなどという言葉に置き換えられることもあります。データベースも利用されることもありますが、近年では専門的な事業者の存在も確立されています。例えば、アメリカ発ではパランティア、日本発ではブレインパッドのような企業で、いずれも多数のデータサイエンティストである専門家を抱えるとともに独自のシステムを保有しています。

　大量データの分析は以前にも増して注目されていることから、今後も業種や特定の領域に特化した事業者なども増えていくと想定されます。

　大手企業などではさまざまなデータを保有していることから、領域によっては自らプラットフォーマーになれる可能性もあります（図6-7）。

ビックデータのフレームワーク

　前節まではデータベースを利用したデータ分析について解説しました。テラバイト級のデータを扱うビッグデータのレベルになるとハードウェアの構成を含めて難易度は高くなります。大手企業などが独自にビッグデータ分析を行う場合に、専門的な事業者のサービスを利用しない場合には、Hadoop（ハドゥープ）やApache Spark（アパッチ・スパーク）などの、いわゆるビッグデータのフレームワークを活用して独自のシステムを構築することがあります。

　Hadoopの概要は図6-8の通りですが、**オンプレミスでの構築は難易度が高いことから、クラウドで環境が構築されているサービスを利用するのが多数派となりつつあります。**

　AI、IoTだけでなく、ビッグデータなども、クラウドですぐに利用ができる状況になっています。

図6-7 データサイエンスはプラットフォーマーとなるチャンス

データサイエンスによるプラットフォーマーの可能性

例：携帯通信キャリアによる
　　人流データの提供

大量データ

利用したい企業や団体は多い

図6-8 Hadoopの概要

Hadoopの特徴

ビッグデータは集積化されたPCサーバーで処理されることが多い

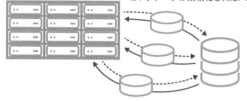

Hadoopではファイルを各サーバーに分散して処理する特徴（実線矢印）と処理されたデータを1つに再作成する特徴（破線矢印）などがある

Hadoopをみかん農家の効率化にたとえる：

今までは収穫したみかんをお母さんが1人でS・M・Lと不良品に選別していたところをHadoop三姉妹が並行して行う

1人でS、M、L、不良品を選別していたのを
3人で同時並行で行うとはるかに速い

長女　　　次女　　　三女

みかんを分けておくHDFS（Hadoop Distributed File System）、選別と集計を行うMapReduceから構成される

- Hadoopの後継候補としてApache Sparkがある
- Hadoopはデータの入出力を主にハードディスクで行うが、Apache Sparkはハードディスクだけでなくメモリに格納することで入出力の高速化を図れる

Point

- 大量のデータを保有している企業や団体はプラットフォーマーになれる可能性がある
- 独自にビッグデータ分析システムを構築することは可能だが、クラウドのサービスを利用する方が早い

≫ デバイスから ネットワークへの入り口

センサーなどを利用する際に

3-13ではセンサー、**3-14**ではIoTデバイスについて解説しました。IoTシステムでは、センサーやデバイスからネットワークを経由してサーバーに直ちにデータが送られることはほとんどありません。現実的には、ゲートウェイやエッジ（**6-6**参照）と呼ばれる機能で処理をしてから送信されています。

ゲートウェイは、異なるネットワークを接続するコンピュータの総称です。

IoTシステムのデバイスはすべてがTCP/IPで接続できるわけではないことから、**ゲートウェイがTCP/IPのネットワークに接続できるように入り口としての役割を果たします**（図6-9）。

ゲートウェイの3つの機能

ゲートウェイの機能は、主に次の3つに集約されます（図6-10）。

❶データ変換

　　センサーがバイナリ形式などで作成したデータをテキスト形式などに変換します。

❷データストア

　　データを保持できないセンサーに代わって、ストレージとしてデータを保持します。

❸データ送信

　　TCP/IPのネットワークの入り口として上位のエッジやサーバーなどに向けてデータを送信します。

ゲートウェイは上記のような機能を備えていますが、物理的なハードウェアとしては、図6-10のようにさまざまです。

IPアドレスを持たないデバイスを使うときは、ゲートウェイをはさむ可能性が高いことを覚えておきましょう。

図6-9 ゲートウェイはTCP/IPネットワークへの入り口

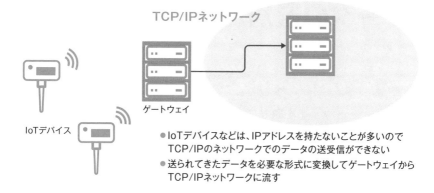

- IoTデバイスなどは、IPアドレスを持たないことが多いので
  TCP/IPのネットワークでのデータの送受信ができない
- 送られてきたデータを必要な形式に変換してゲートウェイから
  TCP/IPネットワークに流す

図6-10 ゲートウェイの機能と物理的な姿

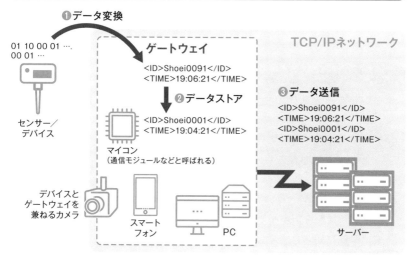

ゲートウェイの物理的な姿としては、マイコン、スマートフォン、PC、サーバーのようにさまざま

Point

- センサーやデバイスは、ゲートウェイを経由してサーバーにデータが送信されることが多い
- ゲートウェイにはデータ変換、データストア、データ送信などの機能がある

» データの選別と処理の代行

サーバーの処理を代行する

6-5でゲートウェイを通じてデバイスやセンサーが取得したデータが TCP/IPネットワークに送られることを解説しました。

ところが、すべてのデータをサーバーにアップロードして処理を実行するとなると、サーバーやネットワークに負荷がかかりすぎてしまいます。そこでIoTシステムなどでは、デバイスやゲートウェイとサーバーとの間にエッジを配備して、対応可能な処理はエッジで実行します。

エッジは**サーバーで実行する処理を部分的に代行しますが、システム全体としての負荷を下げるともに、レスポンスの向上にも貢献します。**

エッジの代表的な機能

エッジが実行する代表的な処理は次の通りです（図6-11）。

❶データの削除や選別

　エッジで不要なデータを削除します。データの選別や抽出をすることもあります。

❷メッセージング

　デバイスから上がってきたデータをもとに、メッセージとして必要な端末に早期に知らせます。サーバーにも通知しますが、エッジで対応するのが最も早いことから、軽い処理であればこのタイミングで実行します。

❸AIとの連携

　エッジにAIを置いて可能な処理を行います。**3-3**で解説したようなフロントエンドでのAIの実装例が挙げられます。

なお、**エッジそのものはIoTに限らず、IT全般で有望な機能です。**例えばWebのシステムなどでは、エッジとして複数のWebサーバーをユーザーの近くに置く考え方が以前からあります（図6-12）。

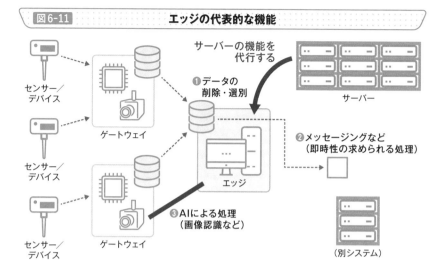

図6-11　エッジの代表的な機能

図6-12　以前から存在するエッジの例

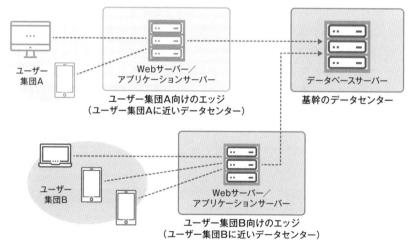

Point

　✎ エッジはサーバーで実行する処理を部分的に代行する

　✎ エッジはIT全般で有望な機能で、システム全体の負荷軽減や性能向上
　　のために利用されている

IoTシステムの典型的な処理

サーバー側の典型的な処理の例

IoTシステムではデバイスやセンサーを利用して自動的にデータを取得します。ゲートウェイやエッジなどを設置することもありますが、本節でサーバー側の典型的な処理について見ておきます。

基本的には、**デバイスやセンサーからデータが上がってくることに対応する処理と、従来型の業務システムと同様な処理**があります。

まず前者については、主に次の3つが挙げられます（図6-13）。

❶分析処理

上がってくる大量のデータを分析して結果を表示します。データの推移や、期間内の最大・最小値、平均や最頻値、相関など多様な視点で分析します。AIや工学的な分析を加えることもあります。

❷別の処理やシステムへの連携

データの値や分析結果によって別の処理を起動する、あるいは別のシステムに連携するなどです。例えば、閾値を超えた値であれば担当者に通知する、ある温度になったらエアコンを動作させるなどです。

❸データ保管

分析や顧客向けのサービスなどのためにデータを保管します。

業務システムと同様な処理の例

業務システムと同様な処理としては、クラサバシステムでサーバーがクライアントを管理するような**❶デバイス管理**や、その他に一般的なシステムに共通の**❷運用監視**や**❸セキュリティ**が実装されています（図6-14）。

IoTシステムは一例ですが、**DXのシステムにおいて独自の処理と他のシステムと共通な処理を明確にしておくと、DXのデータ処理を明確にできます**。

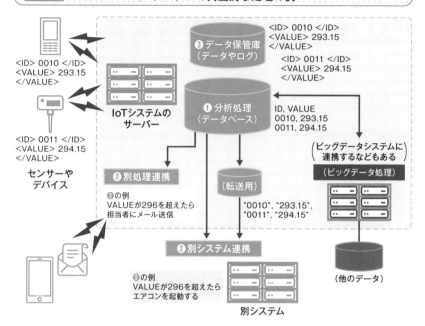

図6-13　IoTシステムの典型的な処理の例

③データ保管庫
（データやログ）

```
<ID> 0010 </ID>
<VALUE> 293.15
</VALUE>

<ID> 0011 </ID>
<VALUE> 294.15
</VALUE>
```

IoTシステムの
サーバー

```
<ID> 0010 </ID>
<VALUE> 293.15
</VALUE>
```

```
<ID> 0011 </ID>
<VALUE> 294.15
</VALUE>
```

センサーや
デバイス

①分析処理
（データベース）

```
ID, VALUE
0010, 293.15
0011, 294.15
```

②別処理連携

②の例
VALUEが296を超えたら
担当者にメール送信

（転送用）

"0010", "293.15",
"0011", "294.15"

（ビッグデータシステムに
連携するなどもある）
（ビッグデータ処理）

②別システム連携

②の例
VALUEが296を超えたら
エアコンを起動する

別システム

（他のデータ）

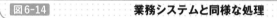

図6-14　業務システムと同様な処理

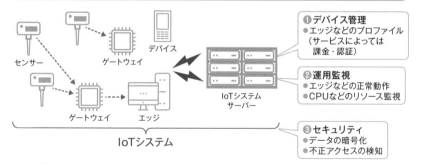

デバイス

センサー　　ゲートウェイ

ゲートウェイ　エッジ

IoTシステム

IoTシステム
サーバー

①デバイス管理
●エッジなどのプロファイル
（サービスによっては
課金・認証）

②運用監視
●エッジなどの正常動作
●CPUなどのリソース監視

③セキュリティ
●データの暗号化
●不正アクセスの検知

Point

✎IoTシステムを例に取ると、独自の処理と一般的なシステムに共通する処理がある

✎DXのシステムを考える際に、独自の処理と一般的な処理を明確にしておくと、DXならではのデータ処理を明らかにできる

≫ DXのネットワークを考える

企業のシステムのネットワークの基本

DXシステムのネットワークといえばインターネットを想像する方が多いと思います。

企業や団体の従来型の業務システムでもインターネットの利用は増えていますが、企業内のネットワークの基本はLAN（Local Area Network）です。拠点間は通信キャリアが提供するWAN（Wide Area Network）を利用しています。LANとWANで構成される企業内ネットワークはイントラネットと呼ばれることもあります（図6-15）。

もちろん、**新しいシステムや企業自体が新しい場合にはWebやクラウドのシステムが多いです。DXシステムの多数派も同様です。**それらの場合には、ユーザーや従業員は**インターネット経由でシステムに接続します。**

ネットワークを誰が用意するか?

DXシステムのネットワークを考える際に重要なのは、インターネット経由の場合には、ユーザーが保有しているネットワーク環境にどのようなセキュリティのしくみを加えるかということです。このあたりは**8-7**以降のセキュリティで詳しく解説します。

別の発想として、**ネットワーク環境をシステムやサービスを提供する側が用意する発想もあります。**例えば、通信機能つきのドライブレコーダーや建設機械のコマツが提供している建機の情報を遠隔管理できる「KOMTRAX」などは、日本国内では**4G**のネットワークを利用しています（図6-16）。

DXのサービスとして認知されつつある大型のシステムは通信料金をサービス提供者が負担していますが、ビジネス規模が大きくサービス自体も優れていることから特に問題はありません。5G時代の到来とともに新たなサービスを検討してはいかがでしょうか。

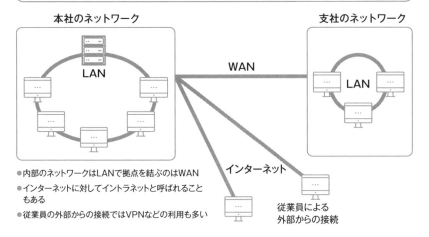

図6-15　イントラネットのネットワークの例

本社のネットワーク　　　　　　　　　　　支社のネットワーク

LAN

WAN

LAN

インターネット

- ●内部のネットワークはLANで拠点を結ぶのはWAN
- ●インターネットに対してイントラネットと呼ばれることもある
- ●従業員の外部からの接続ではVPNなどの利用も多い

従業員による
外部からの接続

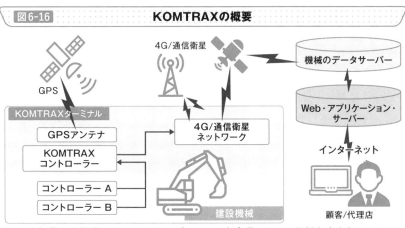

図6-16　KOMTRAXの概要

4G/通信衛星

機械のデータサーバー

GPS

KOMTRAXターミナル

GPSアンテナ

KOMTRAX
コントローラー

コントローラー A

コントローラー B

4G/通信衛星
ネットワーク

建設機械

Web・アプリケーション・
サーバー

インターネット

顧客/代理店

2000年代から提供されているサービスで、日本企業のDXの元祖ともされている

出典：KOMATSU HPをもとに作成
URL：http://www.komatsu-kenki.co.jp/service/product/komtrax/

Point

✐ 企業や団体の従来型の業務システムのネットワークではLANとWANが主流だが、新しいシステムやDXではインターネット経由が多数派
✐ DXの大規模なシステムでは、事業者側がネットワークを用意しているものもある

» 自前の5Gという選択肢

高速通信だけではない特徴

2-10で5Gの性能を紹介しました。インフラとしての5Gの特徴として、**企業や団体が自ら無線局免許を取得して、自社が管理している敷地内などで5Gを活用する**ローカル5Gと呼ばれる制度の存在があります。すでに2020年度から大規模なスマート工場などで利用が始まっています（図6-17）。

5Gは**2-10**でも解説したように、超高速の通信サービスです。一般の企業内の有線LANよりもはるかに高速で、しかも無線のネットワークです。新しいシステムなどであれば、構内基地局やアンテナ、あるいは5Gの端末の配備状況によっては高性能で自由度の高いサービスが実現できます。

5Gといえば高速がクローズアップされることが多いですが、実は高速な応答ができるように低遅延伝送の機能も備わっています。

図6-18は、各世代の無線フレームの処理単位時間（電波で一定のデータ量を受信するのにかかる時間）の違いを示していますが、通信速度と同様に5Gの短さが際立っています。

ローカル5Gを活用したDX

もともと電波は、国際機関や国で管理されてきたものです。日本では総務省の管轄になりますが、事業者や利用者が応分の負担で電波を利用することから、他の利用者との兼ね合いで性能が上下することがあります。

ところが、5Gについては、ローカル5Gという呼び方で、自分たちの技術としても使うことができます。RFIDなどの近距離無線では周波数帯によっては決まった場所で届け出をして利用することがありますが、広範囲な無線技術では珍しいことです。

5Gは電波の利用という観点ではまさにDXであるわけですが、**DXシステムのネットワークを考えるときに、ローカル5Gも選択肢に加えてみてはいかがでしょうか。**

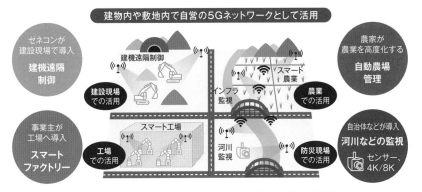

図6-17 ローカル5Gの利用シーン例

建物内や敷地内で自営の5Gネットワークとして活用

ゼネコンが建設現場で導入
建機遠隔制御

建機遠隔制御

建設現場での活用

スマート農業

インフラ監視

農家が農業を高度化する
自動農場管理

農業での活用

事業主が工場へ導入
スマートファクトリー

スマート工場

工場での活用

河川監視

防災現場での活用

自治体などが導入
河川などの監視
センサー、4K/8K

今後はエンターテインメントの分野などでの検討も進む

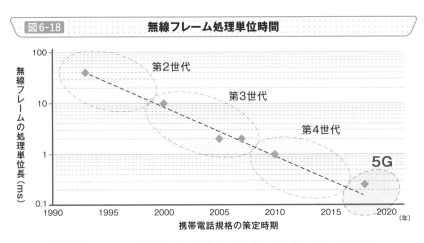

図6-18 無線フレーム処理単位時間

第2世代
第3世代
第4世代
5G

無線フレームの処理単位長（ms）

携帯電話規格の策定時期（年）

- 5Gでは最も短いもので、0.25ミリ秒まで短縮されて無線通信を1ミリ秒で完了させる低遅延伝送が可能となっている
- WindowsのPCなどではミリ秒までの処理しか把握できないがすごいこと
- 低遅延伝送を活かした新しいビジネスが生まれる可能性もある

Point

✍ ローカル5Gは自分たちのために5Gの技術が使える

✍ DXシステムのネットワークを考えるときにローカル5Gも選択肢の1つとしてはどうか

≫ ブロックチェーンのしくみ

ブロックチェーンの概要

ブロックチェーン（Blockchain）は分散型台帳とも呼ばれています。分散された別の場所に存在するシステムでデータを共有して処理をします。

取引をブロックと呼ばれる単位で格納して、チェーン（鎖）のようにつなげていくのが特徴です。ブロックチェーン以前の方法を、分散型の管理に対して集中型の管理とすると、それらの違いは図6-19の通りです。特徴として、ブロックをデータの追加や追記のみを可能として、過去のデータの改ざんを防ぎながら、チェーンがつながるように増えていくことが挙げられます。

以前から**暗号資産（仮想通貨とも呼ばれる）の取引などで使われてきました**が、チェーンの考え方や分散管理が適している分野での活用が期待されています。

チェーンを生成するしくみ

チェーンをブロックチェーンシステムの利用者で共有することから、どこかに障害などが発生してもチェーンを維持できます。

一方で集中型と比較すると、共有の関係から処理速度が劣る場合があります。そのため、即時性が求められる取引などでは向かないものもあります。

チェーンを作成してつなげていくしくみの裏側では、**コンセンサスアルゴリズム**と呼ばれている利用者間でブロックの生成を検証するしくみがあります。

コンセンサスアルゴリズムの代表例として、Proof of Work（**PoW**）などが挙げられます。PoWでは取引でブロックが生成されると、利用者の間での共有ならびに検証を経てチェーンへの連結が行われるようになっています（図6-20）。

他に、Proof of StakeやProof of Importanceなどがありますが、どのアルゴリズムを使うかはシステムごとに異なっています。

図6-19　**分散型台帳と集中型台帳の違い**

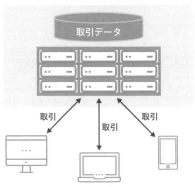
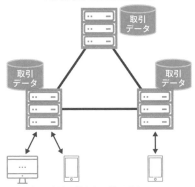

集中型管理
（銀行や証券会社など）

取引データ

取引　　取引　　取引

各取引が一元的に管理されている

分散型管理
（暗号資産の販売会社など）

取引データ

取引データ　　取引データ

各取引が分散されて管理されている

図6-20　**チェーン生成のしくみとPoWの例**

チェーンが生成されるしくみ

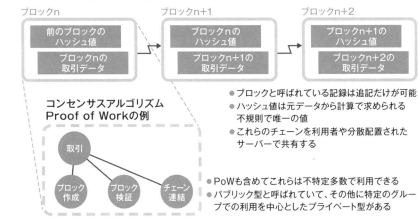

ブロックn

前のブロックの
ハッシュ値

ブロックnの
取引データ

ブロックn+1

ブロックnの
ハッシュ値

ブロックn+1の
取引データ

ブロックn+2

ブロックn+1の
ハッシュ値

ブロックn+2の
取引データ

コンセンサスアルゴリズム
Proof of Workの例

取引

ブロック
作成

ブロック
検証

チェーン
連結

- ●ブロックと呼ばれている記録は追記だけが可能
- ●ハッシュ値は元データから計算で求められる不規則で唯一の値
- ●これらのチェーンを利用者や分散配置されたサーバーで共有する

- ●PoWも含めてこれらは不特定多数で利用できる
- ●パブリック型と呼ばれていて、その他に特定のグループでの利用を中心としたプライベート型がある

Point

- ⬦ブロックチェーンは暗号資産の取引などですでに利用されている
- ⬦中核にコンセンサスアルゴリズムと呼ばれるしくみがあってチェーンが生成・連結されている

》 バックエンドのAIの例

バックエンドでAIを使う

3-3でフロントエンドでのAIの実装例について解説しました。ここまで解説してきたように、AIはフロントエンドでもバックエンドでも利用されるユニークな技術です。本節ではバックエンドでのAIの基本的な利用例を紹介します。

ここ数年で**チャットボット**の利用が急増しています。

チャットボット（Chatbot）は、チャットとボットを組み合わせた造語で、AIを活用して自動で会話ができるプログラムです。企業のWebやサービスのサイトの問い合わせ機能などで使われることが多くなってきました。

取りあえず簡単に作成してみたい・利用してみたいということであれば、次のようにいくつかの方法があります（図6-21）。

- **Pythonなどのソースコードからライブラリを呼び出す**
- **既存のチャットツールのボット機能を活用する**
- チャットボットのサービスを利用する

Pythonやチャットツールなどでは開発が必要となります。

初期のチャットボットの例

実際のビジネスシーンでは、定型文章での対応が多い場合、多少複雑な会話にも対応が必須な場合などで、ライブラリが選定されます。

図6-22は、私たちが日常的に使っている言語をコンピュータに処理させる**自然言語処理**のWord2Vec（ワードツーベック）を利用したシンプルな例ですが、**学習量が少ない最初の段階ではこのような受け答えになります**。もちろん、学習データが増えていくと期待したような応答ができるようになるのですが、**AIの成長を見ていくのもAI開発の醍醐味です**。

| 図6-21 | チャットボットを簡単に作成する例 |

Pythonなどのソースコードからライブラリを呼び出す
（Word2vec（Gensim）とMeCabを利用する例）

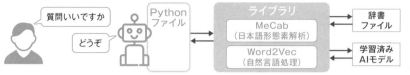

- Word2VecのロジックをPythonのライブラリ化したGensimで利用することができる
- 日本語形態素解析（文章を意味を持つ最小限の単位に分解し、文章を分割する技術）の
  MeCabと組み合わせて使うことでChatbotを作成することができる

既存のチャットツールのボット機能を活用する
（例：Slackのボット機能を利用する例）

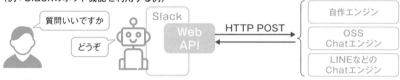

- ビジネスチャットツールのSlack上で動作するボット機能のSlack Botを活用する
- Slack Botのエンジンをさまざまな企業が提供しており、API連携して利用したり、
  自身で開発したエンジンをSlack上で利用したりすることもできる

これらに加えて、チャットボットのサービスを利用する方法もある

| 図6-22 | 学習データが少ない段階での受け答えの例 |

Word2VecとMeCabの初期の例

```
you  :おはよ
bot:さてとー、一応読めるますねWii。
you  :こんばんは
bot:心配するとこれ美味しいですからねー…まあ。
you  :今日は良い天気ですね
```

AIモデルの学習には大量の学習用データが必要であることがわかる（公開されている学習済みモデルは挨拶程度の受け答えしかできないため、自身で学習させる必要がある）

（参考）ルールベースのChatterBotの初期の例

```
YOU: おはよ
MyBot: 私はうまくやっています、あなたはどうですか？
YOU: 元気です
MyBot: 元気です。
YOU: あなたは？
```

- AIというより、ルールやパターンに従って受け答えをするライブラリでは、少ないデータでも比較的まともな受け答えをする
- ただし、ルールから外れると会話にならなくなる

Point

- チャットボットの実装に際しては、ソースコードからライブラリを呼び出す、既存のチャットツールの機能を活用するなどがある
- 学習データが少ない場合には期待した結果が出ないこともあるが、そこから成長させていくのも AI 開発の醍醐味

やってみよう

エッジの活用について考える

6-6でエッジはメインのサーバーで行う処理を部分的に代行することを解説しました。実際にWebやIoTシステムなどでは不可欠な技術です。

複数のクラウドのシステムを利用する際に、共通のログインシステムを経由するケースなどもエッジの一種と考えることもできます。すべてをクラウド上のサーバーで処理しないで、エッジを自らのネットワーク内などに設置することでもサーバーの負荷を軽減することができます。

エッジの適用シーンの例

実際に利用している1つまたは複数のシステムを想定して、エッジが利用できるかイラストにしてみましょう。次のようにいくつかのポイントがあります。

- システムの負荷を下げる
- 共通する処理はエッジで実行する
- データの削除や選別を行う
- メッセージングやAIへの連携などの特定の処理を任せる

クラウドのサーバー

エッジサーバー

PC、スマートフォン

エッジを検討することは、システムの性能や運用を考えるうえで重要ですが、少し広い視点で見れば、新しいビジネスやプラットフォーマーにもつながる可能性もあります。特にクラウドではエッジを応用したさまざまなサービスが生まれています。

第 7 章

DXを創る活動

～企画・設計から準備まで～

» 実現に向けたプロセス

共通化された3つのプロセス

　企業や団体、あるいは自治体などでも、DXはもはや必然の取り組みとなりつつあります。

　DXへの取り組みは数年以上前から始まっていることもあり、これまでの多くの企業や団体の経験から実現に向けたプロセスは共通化されつつあります。

　最もシンプルな形として、次のように企画、準備、実行の3つのプロセスで進められます（図7-1）。

- 企画：**1-3**などでも解説したように、ビジネスとシステムを両輪で回す企画です。デザイン思考などが活用されることが多いです。
- 準備：システムはできるだけ使えるものを活用して迅速な立ち上げを目指します。内容によってはPoC（Proof of Concept：概念実証や実証実験などとも呼ばれる）などを行うこともあります。
- 実行：稼働後も修正ができるように準備段階から取り組みます。ビジネスに集中できる環境を作るのがポイントです。

　新たなビジネスを企画して進めるのと大きな違いはありませんが、DXの場合はさらに柔軟かつ弾力的に、また実行後も修正ができる前提で臨みます。

パンデミック後の傾向

　日本国内では2020年初頭から産業界でパンデミックの影響が出ていますが、それに伴って、各企業でのDX企画の際には、**社会課題への対応やニューノーマルなどの観点を加えて、パーパス（Purpose）などの中長期的な目的や存在意義を意識して進める傾向があります**（図7-2）。

　つまり、DXの実現に向けた取り組みは社会の変化に極めて敏感であるともいえます。

図7-1	**DXの実現に向けたプロセスの例**

企 画 → **準 備** → **実 行**

企 画
- ターゲット領域の確定
- ゴールの設定
- スタンスの決定
- 環境・先行企業・自社の分析
  （・現状の可視化）
- ユーザー中心の検討
- アイデア創出・仮設設定

準 備
- 仮説の検証
  （PoC、PoB）
- プロトタイプ
- システム設計・開発
- 業務・ビジネスの準備

実 行
- 評価
- 稼働後の修正を見込む

必要な場合は現状の業務やビジネスの可視化を行う

図7-2	**パンデミックによるパーパスへの影響**

パーパス（Purpose）とは？

パーパス（Purpose） ≒ **企業や団体の存在意義**

- パーパスは一般的には目的や意思などと訳されるが、
  DXの取り組みの中では「存在意義」を意味することが多い
- 経営のスローガンであるが、顧客や従業員に向けた強いメッセージでもある

パンデミックで変わるパーパス

企業A

パンデミックによる影響の例
＋社会課題への強い認識
＋ニューノーマルへの対応

変 化 →

企業A

パンデミック前：
「お客さまの生活を豊かにするために
当社は高品質の製品を提供します」

パンデミック後：
「お客さまの生活とともにありたい。
そのような製品を提供します」

※きれいな表現よりも意思が明確に伝わる言葉に代わることが多い

Point

- DXの実現に向けたプロセスはおおむね共通化されていて、企画、準備、
  実行で進められる
- 社会課題やニューノーマルなどの観点を加えて進められることもある

≫ DXのターゲット

DXの4つのターゲットの概要

　企業や団体などがDXに取り組む際に、プロセスは**7-1**のようにおおむね共通化されていますが、大きくは次の4つのターゲットがあります。

　基本的な分け方は、**既存の業務やビジネス**をベースとするか、**新しい業務や新ビジネス**を検討するかです。実例を交えて見ておきます（図7-3）。

- 既存業務：社内と顧客との打ち合わせをすべてオンラインで実行し、事務所などもできる限り少なくするなどです。
- 既存ビジネス：顧客から注文を受けて、社員による手配で在庫から納品していたのを、顧客に在庫情報を公開して、社員が手配していたのと同じような手順で顧客が自ら手配するなどです。
- 新業務：営業の商談管理とそれを支える勤怠管理などでもSaaSのシステムを活用して、従来の業務とは異なるやり方をするなどです。
- 新ビジネス：リース会社がリース商品にGPSの機能を取りつけて、商品がどこでどのように使われているかを管理するとともに、顧客に利用状況の情報提供をするなどです。

　例を頭に浮かべながら自社の取り組みと比較するとわかりやすいです。

システムと両輪で考える

　上記のような例はさまざまなメディアで紹介されていますが、DXを検討する際には、本書でも紹介してきた事例を参考にすると進みが早いです。さらに、**業務やビジネスと、システムとを常に両輪で考えることが重要**です。

　上記の例でも実現するしくみについて、これまでの解説を踏まえると、図7-4のようにすぐにイメージできます。

| 図7-3 | DXの4つのターゲットの例 |

既存業務・ビジネス	新業務・ビジネス
既存業務（例） 社内と顧客の打ち合わせをすべてオンラインにして事務所も少なくする	**新業務（例）** 営業の商談管理とそれを支える勤怠管理などでSaaSのシステムを活用する
既存ビジネス（例） 顧客から注文を受けて社員が手配して納品していたが、顧客に在庫情報を公開して顧客が自ら手配する	**新ビジネス（例）** リース会社がリース商品にGPS機能を取りつけて商品がどこでどのように使われているか管理するとともに、顧客に情報提供も行う

| 図7-4 | DXの4つのターゲットの例を実現するしくみの概要 |

- 図7-3を実現するシステムにイメージすると次のようになる
- すぐにイメージできるようになることが望ましい

既存業務（例）

オンライン会議システム

新業務（例）

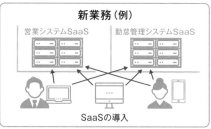

営業システムSaaS　勤怠管理システムSaaS

SaaSの導入

既存ビジネス（例）

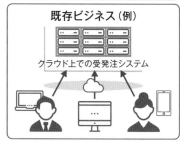

クラウド上での受発注システム

新ビジネス（例）

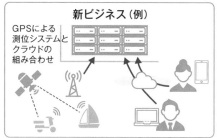

GPSによる測位システムとクラウドの組み合わせ

Point

- DXは、大きくは既存業務と既存ビジネス、新業務と新ビジネスの4つのターゲット領域で構成されている
- DXの業務やビジネスを実現するシステムも常にイメージしよう

» DXへの企業のスタンス

DX化を進める際の3つのスタンス

　DXを進めていく際に、ビジネスや業務のデザインとそれらを支える新しいシステム、さらに進め方や方法論があることを解説してきました。

　企業や団体が実際に進めていく際には、次のように、大きく3つのスタンスがあります（図7-5）。

- 自社戦力を中心に取り組む：中堅のリーディングカンパニーに多い形態ですが、外部戦力に頼らずに自社で進めていきます。
- 外部リソースを活用する：新ビジネスや業務のデザイン、システムの構築などの必要な領域で外部戦力を活用します。大企業などに多い形態です。
- 外部リソース頼み：ごく一部の企業では新しい領域は全面的に外部に頼るケースもあります。

　多数派は上の2つのスタンスで、必要な領域や自社が弱い技術などで外部リソースを活用する形態です。

最終形をイメージする

　これまでの解説でDXは最終的なイメージが見えていれば、決して難しい取り組みではないことが理解できたかと思います。第3章から第6章まででは基本的な技術を紹介してきました。さらに、それらとあわせたクラウドやSaaS、システム間の連携などの基盤のしくみとしての到達点もイメージできると思われます。

　まずは、自社戦力だけでどこまでできるかを確認して、不足している領域では外部リソースを活用してはいかがでしょうか（図7-6）。

図7-5	**DX化の3つのスタンス**

自社戦力を中心に取り組む

例：
企画から立ち上げまですべてを
自社戦力（人材）で取り組む

外部リソースを活用する

例：
パブリッククラウドは自社戦力で
IoT（GPS）やAIシステムは
外部人材を活用

外部リソース頼み

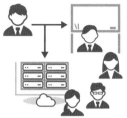

例：
企画から立ち上げまでを
外部戦力に委託する

図7-6	**外部戦力を活用する例**

企画は自社でできる　　　　　　　**クラウドとAIは自社でできる**

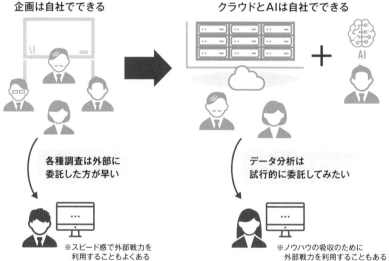

各種調査は外部に
委託した方が早い

※スピード感で外部戦力を
　利用することもよくある

データ分析は
試行的に委託してみたい

※ノウハウの吸収のために
　外部戦力を利用することもある

Point

- DXでは大きくは自社戦力中心で取り組む企業と外部リソースを活用する企業がある
- 最終形がイメージできれば、あとは自分たちでできることとできないことを確認して進めるだけ

» 先行企業と自社の分析

マクロからミクロの視点へ

DXを進めていく際に、先行して進めている企業や競合他社の取り組みを研究することは大きな参考になります。同業者かどうかは別として、ベンチマークとして特定の企業と自らとを比較できるようにしておくと、ゴールの設定や進捗などもより適切なものになります。

個別のベンチマーク企業の分析に入る前に、**PEST分析**（Politics・Economy・Society・Technology）のようなマクロ視点での確認をすることをお勧めします（図7-7上）。PやSなどに相当するテーマとして、近年ではパンデミックとともにSDGsなどが課題であることも改めて確認できます。EやSではまさにDXへの取り組みも挙げられます。

ミクロの個別のベンチマークに対しては、マクロ視点での分析を踏まえたうえで、**3C分析**で進めることが多いです。3C分析は、自社（Company）と外部環境にある顧客（Customers）と競合（Competitors）のそれぞれの視点から市場や自社の戦略を考える手法で、マーケティングや経営戦略立案において利用されています。ベンチマークの企業を分析する場合には、その身になって考えることが重要です（図7-7下）。もちろん自社の戦略立案でも活用できます。

強みと弱みを整理する

3C分析を補完するように**SWOT分析**もよく利用されます。SWOTは、Strength（強み）とWeakness（弱み）、Opportunity（機会）とThreat（脅威）を軸にして整理する手法です（図7-8）。

ベンチマーク企業と自社とを3CやSWOT分析などで比較してみると、**意外な自社の強みや弱みに気づくこともあります。「改めて考えてみると、ウチはここが弱い」と思ったら、逆に強いところも考えてみることです。**そういう部分がないと事業そのものが続いていないはずです。

図7-7 PESTと3C分析

PEST分析と検討例

Politics	政治	政治の状況、SDGs、法規制・緩和、補助金　など
Economy	経済	経済動向、金融・為替市場、株価　など
Society	社会	少子高齢化、ライフスタイル、ニューノーマル　など
Technology	技術	既存技術、デジタル技術、今後の新サービス　など

3C分析

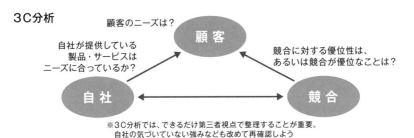

顧客のニーズは？

顧 客

自社が提供している
製品・サービスは
ニーズに合っているか？

競合に対する優位性は、
あるいは競合が優位なことは？

自 社　　　　　**競 合**

※3C分析では、できるだけ第三者視点で整理することが重要。
自社の気づいていない強みなども改めて再確認しよう
例：日本全国に拠点がある、30年を超える顧客との取引

図7-8 SWOT分析

SWOT分析と検討例

機会（Opportunity）	脅威（Threat）
今後のチャンスにつながることは何があるか ➡ 早くからオンライン会議システムに連携していること	自社にとって脅威やマイナス要因は何があるか ➡ SaaS市場は活発化しており、TVコマーシャルなどで大手の知名度が広がりつつある
強み（Strength）	**弱み（Weakness）**
顧客から評価されるポイントや競合差別化ができることは何があるか ➡ さまざまな業種での実績	競合と比較して弱いことは何か ➡ もとになったソフトの設計により1,000人規模以上の利用となると性能が保てない

※ある中堅SaaS事業者を客観的に分析した例

Point

✎ 自社やモデル企業の取り組みを分析する手法として、3C分析やSWOT分析がある

✎ 改めて自らの弱みと強みを認識することが重要で、強みは自分ではなかなか気づいてないことが多い

》 現状を可視化する

現行業務の可視化

業務系のDXでは、**現行業務の可視化をすることは必須**です。それによって現状を把握して、DX後の効果測定も可能となります。

現行業務と新業務、Before/After、As-IsとTo-Beなど、さまざまな呼び方があります。

実際に現行業務の可視化をするときには、まずは業務に関する資料の存在を確認したうえで、プロセスとプロセスの名称、工数、インプットとアウトプットなどの業務の概要から詳細までを把握します。それらができたら、ドキュメント化するか、すでに資料があればアップデートをします（図7-9）。現行業務が整理できたら新業務の設計をします。

モデリングとマイニング、継続的な改善の実行へ

現行業務と新業務の比較や効果測定、ならびに新業務を継続的に向上させていく観点でいえば、モデリングをしてツールによる管理をお勧めします。モデリングに際しては、業務モデリングの表記法であるBPMN（Business Process Model and Notation）に準拠して作成し、ツールで管理します。

図7-10は企業でよくある文書管理業務をBPMNで表した図です。

なお、以前は、Excel、Visio、iGrafx（アイグラフィックス）などのツールで新旧業務のモデリングをすることが多かったのですが、どれも人がプロセスを調査するので、入力の手間が必要でした。近年では、プロセスマイニングという技術を用いて業務データから現行業務のプロセスを半自動的に表現することが行われています。

ARISのようなツールを利用すると、業務データからAs-Isのモデリングや改善施策の検討、To-Beのモデリングまでを進めて、BPMSやRPAと連携した業務自動化までを一気通貫に行うことも可能となっています。

図7-9　業務の可視化に向けて

参考）新旧業務の呼称

現行業務	新業務	業務が変わる点に着目
As-Is	To-Be	To-Beには未来とあるべき姿の2つの意味
導入前	導入後	新技術やシステムなどの導入を強調

業務の可視化に向けて

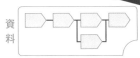

業務に関する資料や現場の実態などから
プロセスフロー図や工数を示すなどして可視化する

図7-10　BPMNに準拠した業務フローの例

文書管理業務の例

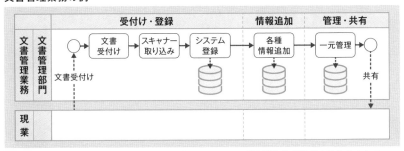

- 公共機関に提出した文書をスキャナーで取り込み、システム登録後に各種情報を追加入力して一元管理する業務
- モデリングツールを利用すると同じような資料が迅速に作成できる

Point

✐ 業務系のDXでは現行業務を整理することは重要
✐ 現行業務と新業務をツールにデータとして入力して、比較や分析、継続的な改善が進むような準備もしておきたい

≫ ユーザーを中心とした検討

デザイン思考の5つのステップの考え方

新たなビジネスを企画しながら、DXも実現したいケースでは、**デザイン思考**を活用して検討が進められることが増えています。

デザイン思考は、5つのステップから構成される**デザイナーなどの仕事の進め方をベースとした考え方**です（図7-11）。

- 共感：サービスなどへのユーザーの思考や行動を徹底的に分析します。
- 定義：ユーザーのニーズの本質を定義しますが、例えば「クラウドを導入したい」でその通りと考えるのではなく、さらに突っ込んで「システムの運用が大変だから」といった本当のニーズを探って定義します。
- 創造：定義に基づいてアイデアを出していって形にします。
- 試作：概念化したアイデアに対して時間をかけないで動かします。
- 検証：ユーザーとの日常の中でフィードバックを得てよりよいものに仕立てていきます。

従来の新ビジネスの企画と異なる点は、ユーザーの思考を徹底的に追及することと、ニーズの本質の定義です。

実務での検討の例

企業などでの実際の企画の検討例としては、ワークショップなどの会議形式で、**関係者の間でデザイン思考を応用して、さらに細分化して進められていきます**。その中では**4-11**で解説したペルソナやカスタマージャーニーなどのプロセスもあります（図7-12）。

このような検討を1から3カ月の短期間で進められることが多いです。**従来は3カ月くらいかけていましたが、このあたりもTransformされています**。

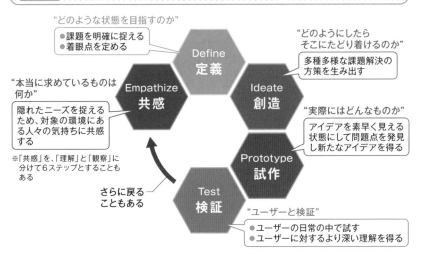

図7-11 デザイン思考の5つのステップ

"どのような状態を目指すのか"
- 課題を明確に捉える
- 着眼点を定める

Define 定義

"どのようにしたら そこにたどり着けるのか"
多種多様な課題解決の方策を生み出す

Ideate 創造

"本当に求めているものは何か"
隠れたニーズを捉えるため、対象の環境にある人々の気持ちに共感する

Empathize 共感

"実際にはどんなものか"
アイデアを素早く見える状態にして問題点を発見し新たなアイデアを得る

Prototype 試作

※「共感」を、「理解」と「観察」に分けて6ステップとすることもある

さらに戻ることもある

Test 検証

"ユーザーと検証"
- ユーザーの日常の中で試す
- ユーザーに対するより深い理解を得る

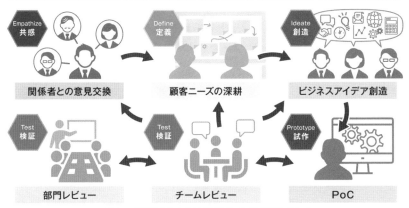

図7-12 デザイン思考を応用した実際の検討例

Empathize 共感 関係者との意見交換

Define 定義 顧客ニーズの深耕

Ideate 創造 ビジネスアイデア創造

Test 検証 部門レビュー

Test 検証 チームレビュー

Prototype 試作 PoC

ステップを行き来または繰り返しながら進めていく

Point

- 新たなビジネスを企画するときに、デザイナーなどの仕事の進め方をベースとしたデザイン思考を活用することが増えている
- 実務ではデザイン思考を応用して細分化して進められることが多いが、検討期間が短くなっている傾向がある

» アイデアの創出・形成

複数名での検討を進めるために

デザイン思考の段階や、ペルソナやカスタマージャーニーなどの考え方でDXのアイデアをまとめていく際の、それぞれの検討の場面における進め方を明らかにしておきます。

基本的には関係者で集まって討議をして、それらの結果を資料にまとめることを繰り返して進めていきます。

複数名で集まって討議することは、ワークショップと呼ばれていますが、**参加者で形成されるグループでの議論による相互作用の中で、学び合うことや刺激を受けるなどの双方向的な学びと創造のスタイル**です。

ワークショップで利用されるパターンや適性は図7-13の通りです。

ビジネスや技術が高度化した現代社会では1人のキーパーソンがすべてを把握するのは困難です。そうした中でさまざまな経験やバックグラウンドのある参加者が意見を出し合い、立場を超えて対話することは有効な方法です。

自由に意見が言えてそれらを聞き発展させる

ワークショップの中においては、ブレイン・ストーミングと呼ばれる自由なアイデアを出し合い多様な発想を誘発する技法が用いられます。

ブレイン・ストーミングでは図7-14のような簡単なルールと手順などを定めて、自由な意見を出し合います。

デザイン思考などの広がりから多くの企業や団体でワークショップが開催され、ブレイン・ストーミングの技法が利用されています。**難しいのは人の意見を聞くこと（傾聴）と、それらを活かしてアイデアを発展させることです。**

DXが停滞している組織では、自由にものが言えても、それらが聞き入れられない、あるいはそこからの進展がない傾向があります。停滞しているときは、ワークショップやブレイン・ストーミングの方法を見直してはいかがでしょうか。

| 図7-13 | ワークショップのパターンと適性の例 |

パターン	概要と適性
問題解決	問題に皆で対処するワークショップの基本形
ワークアウト（Work-out）	解決策を速やかに実行に移せる
ケプト（KPT）	少人数チームの改善活動が楽しく行える
オープン・スペース・テクノロジー（OST）	大人数に適する
フューチャー・サーチ	利害を超えステークホルダーの協働を生み出す
ワールド・カフェ	大人数でたくさんのアイデアが収集できる（発散）

| 図7-14 | ブレイン・ストーミングの手順の例 |

❶ カードの記入方法を説明する

❷ ブレイン・ストーミングの進め方を説明する
　 ブレスト5か条を再確認する

❸ テーマに対して1人5枚のカードを5分で作成してもらう

❹ 出てきたカードをファシリテーターが読み上げて全員で
　 内容を共有する

❺ 必要に応じて❸〜❹を繰り返す（ラウンド2へ）

❻ 出てきたカードをファシリテーターが読み上げて全員で内容を共有する

ブレスト5か条
- 批判厳禁
- 質より量
- 自由奔放
- 便乗歓迎
- 簡潔明瞭（発言は短く！）

ラウンド1　　　共　有　　　ラウンド2

Point

✎ ワークショップは参加者による相互作用と双方向的な活動の中で、新たなアイデアが形成される可能性がある

✎ ブレイン・ストーミングで難しいのは、傾聴と他人のアイデアをもとに発展させることで、自由な意見を出すだけでは目的の達成に至らない

仮説の検証

新ビジネスの実現に向けた検証

新ビジネスを企画する際に、実際にそのビジネスを提供できるか、あるいは、どのようなしくみで実現できるかの検証が必須です。

近年の言い方では、PoC（Proof of Concept：概念実証）とPoB（Proof of Business：ビジネス実証）があります。

PoCでは、**システムなどが企画した通りに動いて現実に使えるかどうかなどのしくみとしての実現性の検証と、ユーザー目線から見て企画通りにできつつあるか**を確認します。図7-15はIoTシステムでの例ですが、項目ごとに評価内容を定めて実行します。

別の例でいえば、**3-3**で解説したようなAIを活用して人が商品の前にいる・いないなどを判断するしくみが実際に使えるか、あるいは図3-15のようなGPSを活用したシステムが機能するか、などを検証します。

規模が大きいサービスの場合はPoCの後で、ユーザーからの見え方なども含む**プロトタイプ**（試作品システム）の開発を進めます。

PoBは各社のルールに従う

PoBは、PoCで確認できたことを前提として、**ビジネスとして実現可能か**を検証します。

PoCで実際に動かせることや、提供できるサービスの概要が確認できると、それらに関わる運営体制、投資とコストなどが具体的に見えてきます。

PoBの進め方については、それぞれの企業や団体によって異なります。

資料をもとに机上での検証を行うこともあれば、フェーズに応じたレビューで進めていくこともあります。**各企業に固有のビジネス化のルールに依存する**ので、特定の進め方が定番というようなものはありません（図7-16）。

図7-15 **IoTシステムでのPoCの評価項目の例**

項 目	評価内容
業務／ビジネス	要求事項に対する評価
運用	運用の可否
デバイス	● デバイスによるデータの取得の可否 ● デバイスの設置場所、電源、保守スペースの確認 ● 対象とデバイスの位置関係の確認
ネットワーク	接続とデータ送受信の可否
サーバー	デバイスからサーバーまでの接続とデータ送受信の可否
その他	● 別のシステムとの連携の可否 ● 開発工程でのテスト項目の洗い出し ● 本番に向けた留意点の洗い出し

- PoCで利用されるのは実現可否を確認するための簡易なシステムだが、プロトタイプはユーザーからの見え方なども含む多少本格的なシステムで、本番システムの部品としても流用される
- 小規模なサービスであればPoCとプロトタイプが一緒のこともある
- いずれにしても現在は時間をかけずにありものを活用するのがトレンド

図7-16 **PoBの進め方**

サービス概要

GPSによる測位システムとクラウドの組み合わせ

運営体制
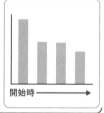
CDO
A事業部
事業部長

投資とコストの想定
開始時

- PoBの進め方は企業や団体によって異なる
- 経営会議での審議で代行する企業もある

例）机上検証
事業部門とは異なる部門が第三者的に検証する

例）ゲートレビュー
- フェーズに応じたレビューを行う
- すべての審査を通過した案件が開始できる

Point

- 新ビジネスを含むDXでは、PoCやPoBなどのフェーズがある
- PoCではしくみなどの基本的な部分での実現可能性が、PoBではビジネスとしての実現可能性が問われるが、PoBは各企業でのビジネス化のルールに依存することが多い

» システム設計にも変化が

クラウドの技術の特徴から

5-3でクラウドネイティブについて解説しました。クラウドはいまやDXの基盤となっていますが、**クラウド環境を前提にシステムの設計・開発が進められることが多くなっています。** クラウドネイティブのためのOSSの開発を進めているCNCF（Cloud Native Computing Foundation）では、少し専門的ですが、クラウドネイティブを次のように定義しています。

「クラウドネイティブは、さまざまかつダイナミックなクラウドサービスの環境において、アプリケーションの開発や運用をする組織を強化する技術で、コンテナ、**マイクロサービス**、APIなどが挙げられる」

言い換えれば、クラウドネイティブでは、コンテナなどが特徴的な技術であるともいえます (図7-17)。

個々にメンテナンスができるシステム

マイクロサービスは、コンテナ化されたプロセスやサービスがAPIを通じて呼び出される関係です。**マイクロサービスは小さいサービスを多数作成して、それらを統合して大きなサービスを提供することを意味しています**が、個々のサービスを修正しても、他のサービスに影響させないようにします（図7-18）。

それに対して、従来型のシステムでは、**モノリシック**（一枚岩）などと呼ばれるように、それぞれのサービスや機能が密接に連携していました。

モノリシックでは、あるサービスを変更すると連携しているサービスをすべて変更する必要がありますが、マイクロサービスでは、該当箇所のみ変更するだけで構いません。もちろん以前からマイクロサービスのような発想はあったのですが、クラウドやコンテナなどのインフラが整備されてこそ実現できたことです。

DXのシステムを考える際に、それらを構成するサービスやモジュールを独立してメンテナンスできるように設計するのが、今の時代の流れです。

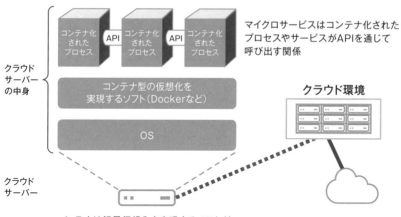

図7-17 コンテナとマイクロサービスの概要

マイクロサービスはコンテナ化された
プロセスやサービスがAPIを通じて
呼び出す関係

クラウド環境

クラウド
サーバー
の中身

クラウド
サーバー

コンテナは軽量仮想化を実現するソフトが
核となって実現される技術

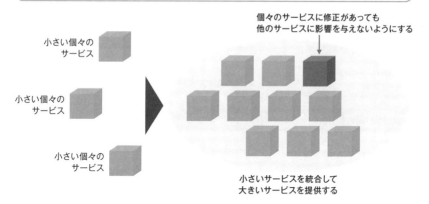

図7-18 マイクロサービスの考え方

個々のサービスに修正があっても
他のサービスに影響を与えないようにする

小さい個々の
サービス

小さい個々の
サービス

小さい個々の
サービス

小さいサービスを統合して
大きいサービスを提供する

● それぞれのサービスはアジャイルで迅速に開発が進められていく

Point

✎ クラウド環境のシステムが増えてきたことで、システムの設計について
も変化が起きている

✎ 小さいサービスを多数作成して、統合して大きなサービスを提供するマ
イクロサービスの考え方はDXの時代に適している

» APIの活用

データのやりとりでの利用

外部のシステムとの接続や連携を考えるうえでは、API（Application Programming Interface）は必須となっています。

APIは、もともとは図7-19上のように、**異なるソフトウェアがやりとりする際のインタフェースの仕様を意味する言葉**です。

特にWebのシステムでAPIというときには、ブラウザのようなハイパーテキストの表示ではなく、システム間のデータのやりとりを行うしくみを指すことが多くなっています。

例えば、スマートフォンから位置情報をアプリケーションサーバーに送信して、そのエリアの天気情報を受信するアプリなどでは、天気情報システムとの間で利用されています（図7-19下）。緯度と経度などの項目とデータの形式などは、さまざまなデバイスやAPIで共通化されています。位置情報などはさまざまなシーンで利用される機能なので、このように使えるのはとても便利です。

サービス間の接続での利用

別の観点でAPIの利便性を考えてみます。

従来型のシステムでは、ユーザーの認証、データの入力や格納、分析などのアプリケーションをプログラムのソースコードで定義していました。したがって、特定のアプリに変更を加えると別のアプリの変更も必要となります。

5-11のコンテナや**7-9**で解説したマイクロサービスでは、アプリケーションをAPIで接続することから、あるサービスを変更しても別のサービスでの変更は不要にできます（図7-20）。

APIをデータのやりとりの方法として捉えるだけでなく、**システムやサービスの連携として捉えることができれば、APIを利用できる可能性は一層大きくなります。**

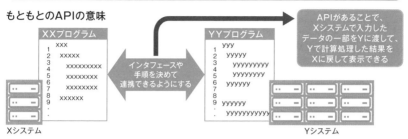

図7-19　APIの意味とWeb APIの例

もともとのAPIの意味

XXプログラム

YYプログラム

インタフェースや手順を決めて連携できるようにする

APIがあることで、Xシステムで入力したデータの一部をYに渡して、Yで計算処理した結果をXに戻して表示できる

Xシステム　　　　　　　　　　　　　　　　　　　Yシステム

Web APIの例（位置情報と天気情報）

人工衛星

位置情報の例
緯度（LAT：Latitude）
：36°710065
経度（LON：Longitude）
：139°810800

スマートフォン

LAT：36°XX　LON：139°XX
LAT：36°XY　LON：139°YY
[天気予報の情報がほしい or 定期実行の処理]
[東京は午後から晴れる]

位置情報から天気情報を得るためのAPI

決められた手順とフォーマット

Web上にあるAPIサーバー

天気情報システム

● 定期間隔で位置報データを送る
● APIで決められた手順とフォーマット

WebのAPIとしては位置情報、天気情報の他に、
●地図情報　●金融取引　●画像認識　●言語処理　などがある

図7-20　従来型とAPI接続の例

〈ソースコードで呼び出す従来型のシステム〉

¥x¥MainSys¥Auth.exe
を呼び出す

ID：
Data1：
Data2：

画面が開いたら
¥x¥MainSys¥Entry.exe
を呼び出す

入力されたID、Data1、
Data2のデータ形式が
OKであれば
¥x¥MainSys¥DB.exe
を呼び出す

従来型のアプリケーションだと、
次に呼び出すファイル名を変更するだけでも
前後のプログラムのソースコードも見直さなければならない

DB.exeでは ID：2020が
¥x¥SubSys配下に置いてあるDB
に存在するか、問い合わせをして
データを格納する

2011、2020、2033

〈APIで接続するマイクロサービス〉

Entry.exe

ID：
Data1：
Data2：

http://www.
shoeisha.co.jp
/DB.exe
を呼び出す

DB.exe
＋例：OSSの
MySQLなど

http://www.
shoeisha.co.jp
/Analize.exe
を呼び出す

Analize.exe
＋例：OSSの
Elasticsearch
など

例えば、APIで次に呼び出すアプリケーションを定義すれば
ソースコードまで戻って変更する必要はなくなる

Point

✎ APIは異なるシステムを連携する際の手順や形式などを指す

✎ 典型的なパターンができていてサービスの接続としてもAPIを利用できる

やってみよう

DXのターゲットについて考える

7-2でDXに向けた4つのターゲットについて解説しました。

このような考え方は多くの企業や団体で当てはまります。ここではご自身が所属する企業や団体、組織を例として、DXのターゲットを考えてみます。

初めに4つのどの領域に想定できるかチェックをつけます。

☐ 既存業務	☐ 既存ビジネス	☐ 新業務	☐ 新ビジネス

なかなかターゲットが浮かばない・絞れないという方は、既存業務か既存ビジネスをチェックしてみてください。

実現するしくみを考える

ターゲットに対して実現するしくみを考えてみます。

図7-4で見たように、基本的にはクラウドを必須とします。

クラウドに加えて、WebアプリやSaaS、AIなど、本書で見てきたしくみをイメージします。実際にイラストを描いてみましょう。下の枠のイラストにユーザーを入れたら、さらにシステムを表すイラストを加えてみてください。

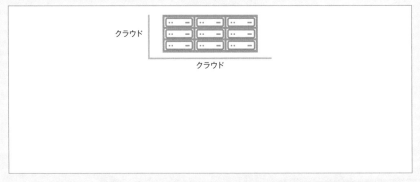

これは検討の一例ですが、何か決まりがある、あるいは使うべきものが定まっていると、意外にもスムーズに考えることができます。

第 8 章

DXはWebとクラウドから
～DXのほとんどはWeb技術を使う～

» Webとクラウドを 前提とするしくみ

ユニットを選択する

ここまでで、DXを実現するシステムは、全体としてWebとクラウドを活用していて、それらにAIやIoTなどを組み合わせることが多いことを解説してきました。Web技術を活用することで多様なデバイスへの対応が可能となり、バックエンドにクラウドを据えることで、業務やビジネスの変化に柔軟に対応できます。実績のあるOSSなどを利用すればコストもさほどかからず、サービスによっては低額で立ち上げることもできます。

第1章から解説してきたように、現在ではやりたいことに合わせて、システムを構成するユニットを**選択して組み合わせていく**ことで、DXのベースが作れる時代になりつつあります。図1-16では上下の3階層でデジタル技術を見ましたが、物理的なシステムを左右に並べることで業務やビジネスの目線に対応できます（図8-1）。

DXのシステム構成

ユニットで選択するという考え方に加えて、構成で考えることもできます。おおまかではありますが、次のような構成例です（図8-2）。

- **Web技術＋クラウド**：ユーザーはWebでバックエンドはクラウド
- **IoT＋クラウド**：データをセンサーやIoTデバイスで取得する
- **AI・RPA・BPMS**：システムの自動化を極める
- **SaaSの組み合わせ**：SaaSをRPAや連携アプリ、iPaaSなどで連携させて大きな効果を狙う

もちろん、AIは上記のすべてに適用できます。詳細まで含めて分類するのは困難ですが、**上記のいずれに近いかをイメージすることでもDXのシステムの検討は具体化できます。**

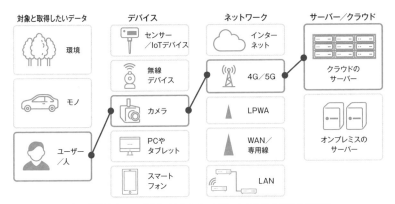

図8-1　DXのユニットを選択する

- ●人の状態をカメラで捉えて4Gのネットワークでクラウドに上げる例
- ●代表的なユニットを例示しているが、さらに細かくしてもよい
- ●物理的に必要な場所にAIなどを入れて完成する

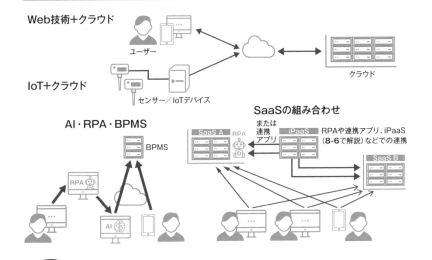

図8-2　DXシステムを構成から見る4つのパターン

Point

✎ DXのシステムはWebとクラウドを活用する

✎ たいていの場合は4つの構成例などに収まるので、最初からイメージして進めればよい

》DXの実態はWeb技術＋α

Webとクラウドを中心に据える

DXを内部ではなく、顧客や外部からの視点で見ると、**実態としては、Web技術が中心**となっています。

DXの元祖であるUberやAirbnb、GPSによる位置情報その他を提供するしくみなどでもユーザーが見るのはWebの画面です。もちろんバックエンドでは大量のデータ分析やAIの活用などもありますが、ユーザー視点で見ればクラウドも含めたWeb技術です。これは業務単位でのDXを実現するSaaSなどでも同様です（図8-3）。

DXのシステムではWebやクラウドは不可欠で、そこにAIやIoTなどの技術が組み合わされる、あるいは差をつけたい部分や独自色を出したい部分でそれらを活用するなどのように考えるとシンプルです。

開発スタイルの変化

第4章でブラウザやWebアプリの概要を見ました。

第5章のクラウドに続いて、次節でWeb技術を再確認することで、現在のトレンドであるスピード感とありものの活用、それらを実現するベースとなるしくみがあって、その結果としてユーザーがトライアルする際には無償でのサービスが提供できていることがわかります。

象徴的なのが開発スタイルの変化です。ゼロベースで開発するのではなく、OSSの開発基盤やフレームワークを活用して、さらに、すでに存在するサービスやAPIを利用します。プログラミングにこだわらずに、コードをできるだけ書かないローコードやノンコードによる開発スタイルの変化は、**早期のサービス提供や一部であっても無償での提供などを実現します**（図8-4）。

もちろんローコードやノンコードはWebやクラウドだけでなく、AIなどにも広がっています。

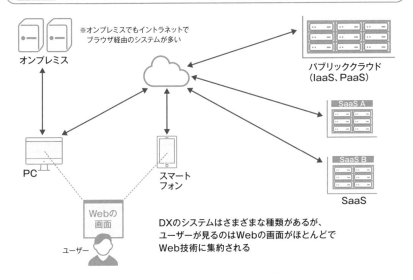

図8-3　ユーザーが見るのはWeb技術

オンプレミス

※オンプレミスでもイントラネットで
ブラウザ経由のシステムが多い

パブリッククラウド
(IaaS、PaaS)

SaaS A

SaaS B

SaaS

PC

スマート
フォン

Webの
画面

ユーザー

DXのシステムはさまざまな種類があるが、
ユーザーが見るのはWebの画面がほとんどで
Web技術に集約される

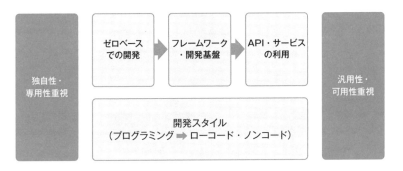

図8-4　開発スタイルの変化

独自性・
専用性重視

ゼロベース
での開発

フレームワーク
・開発基盤

API・サービス
の利用

汎用性・
可用性重視

開発スタイル
（プログラミング ➡ ローコード・ノンコード）

例えば、フロントエンドの画面を作る際にゼロベースで作るのではなく、
Angular、React、vue.jsなどのフレームワーク（8-4参照）を利用する

Point

- DXのシステムはユーザーの視点で見るとWebのシステムであることが多い
- OSSやフレームワークは早期のサービス提供と一部サービスの無償化に貢献している

≫ Web技術の概要

Webで使われている技術

ブラウザの利用ができるとデバイスを気にしないで展開ができることから、**4-1**から**4-4**までで解説したようなブラウザの機能に従ったアプリケーションを提供することになりますが、**ここ10年くらいでは利用される技術はおおむね決まっています。**

クライアントサイドでは、Webページを構成する表示を指示するマークアップ言語の**HTML**（Hyper Text Markup Language）と、ページの見栄えや統一感を表現する**CSS**（Cascading Style Sheets）に加えて、処理を実行するスクリプト言語の**JavaScript**や**TypeScript**などが使われています（図8-5）。もちろんそれらの技術とともに、次節で解説するフレームワークを活用して開発が進められています。

サーバーサイドでは、CGI、PHP、JSP、ASP.NETなどが使われています（図8-5）。後ろにいくに従って難易度が上がりますが、やりたいことが何でもできるようになります。JSPやASP.NETは大規模なWebシステムで利用されます。

クライアントサイドが主流に

以前はサーバーサイドが中心でしたが、近年はクライアントサイドでできるだけ実行するのがトレンドで、**Node.js**（ノード・ジェイエス）などを使って、サーバーサイドでもJavaScriptやTypeScriptを使えるように進められています。

Web技術の世界では、クライアントサイドの技術者をフロントエンド、サーバーサイドをバックエンドなどと呼んで分けていましたが、以前よりもフロントエンドの勢いが増しています。

なお、**近年のITのトレンドと関連するビジネスはユーザーのニーズや志向よりも、エンジニアの注目度と相関関係があることが多い**ので、図8-6のWeb技術の位置づけはイメージしておくと間違いがありません。

図8-5 HTML・CSSとWeb技術の概要

HTMLとCSSの利用例

●cssファイルを別ファイルとして外に置いて、各HTMLページから参照する例
●各ページ内でスタイルを定義する方法もあるが、ページが多い場合はこの方法が主流となっている
●フレームワークや、効率的にCSSを定義できるSassなどを利用することもある

Web技術の概要

	Web独自の技術	特　徴	開発元
クライアントサイド	JavaScript	●クライアントサイドの代表 ●記述の形式がHTMLやCGIに近いのでわかりやすい	Netscape
	TypeScript	●JavaScriptと互換性があり大規模アプリでも利用できる ●これから本格的に学びたい方にお勧め	Microsoft
サーバーサイド	CGI (Common Gateway Interface)	今でも使われている動的ページの基本のフレームワーク	NCSA
	SSI (Server Side Include)	●HTMLファイルにコマンドを埋め込み、簡単な動的ページが作成できる ●以前は訪問者カウンターや日時表示のスタンダードとして利用されていたが、現在は使われていない	NCSA
	PHP	HTMLファイルと相性がよく、ショッピングサイトなどで幅広く利用されている	The PHP Group
	JSP (Java Server Pages)	●Javaプラットフォームであればこちら ●大規模Web開発といえばJSPかASPとなりつつある	Sun
	ASP.NET (Active Server Pages.NET)	マイクロソフトの技術をフル活用したWebシステムのフレームワーク	Microsoft

それぞれの領域に強い開発用のフレームワークがある

図8-6 Web技術の位置づけ

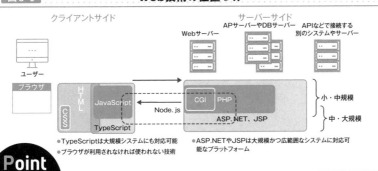

●TypeScriptは大規模システムにも対応可能
●ブラウザが利用されなければ使われない技術

●ASP.NETやJSPは大規模かつ広範囲なシステムに対応可能なプラットフォーム

Point

🖋 Web技術は多様化しているが、近年利用されている技術はおおむね決まっていて、クライアントサイドが主流となりつつある

🖋 ここへきて、エンジニアの注目度がITトレンドと関連ビジネスに大きく影響を与えている

》 開発のフレームワーク

アプリケーションの開発にはフレームワークを使う

Webのシステム開発でブラウザの利用を前提とすると、**8-3**のようなさまざまな技術が利用されていることを解説しました。

アプリケーションの開発では、Windowsであれば、.NET Frameworkなどのように**フレームワーク**が利用されます。フレームワークは**汎用的あるいは共通的に使われる処理の流れをひな型として提供してくれる**、早くてよいものを作るためのしくみです。特に、ある程度の人数で共同作業を行う場合には、開発の効率化や品質管理において大きな効果を発揮します（図8-7上）。デメリットがあるとすれば、習得するのに時間がかかることですが、**8-2**で説明したローコードの流れにも沿っています。

ASP.NETの概要

例えばJavaScriptであれば、React、Vue.js（ビュー・ドット・ジェイエス）、jQueryなどが、TypeScriptであればAngular（アンギュラー）などのように、ベースとなる言語に合ったフレームワークが選択されます（図8-7下）。それぞれが、各処理において特徴があるので、何がしたいかということと、モデルとなる既存のWebシステムで、どのフレームワークが使われているかなどを参考として選定することが多いです。

大規模なWebシステムでは、JSP と ASP.NET が挙げられます。JSPはJava Servlet と Java Server Pages のセットです。ASP.NET は Web アプリのフレームワークとしては最大規模で、VBやC#などで画面から作成できるWebフォーム、MVC、WebPages、Web APIなどのツールから構成されています（図8-8）。コンパイラ言語でプログラムすることで、精緻な処理が実現できるだけでなく、処理速度も速いことから、大量のリクエストを処理するWebサービスに向いています。Core経由で別のプラットフォームに連携することもできます。

図8-7 ┈┈┈ **フレームワークを利用するメリットとフレームワークの例**

フレームワークを利用するメリット

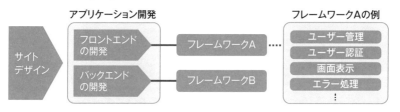

アプリケーション開発　　　　　　　　　　　フレームワークAの例

- ●言語や技術が異なるのでそれぞれにフレームワークがある
- ●アプリケーションに必要な機能の型が提供されていて、効率的で品質のよい開発に貢献する
- ●ユーザー認証では、IDやパスワードを入力して進められることが多いが、誰が作っても同じような処理なので、提供されている型を利用した方が早くて間違いのない開発ができる

フレームワークの例

言語など	フレームワーク名
JavaScript	React（Facebook、Twitter）、Vue.js（LINE、Apple）、jQuery、Node.js[※]
TypeScript	Angular（Google、Microsoft）、React、Vue.js、Node.js[※]
Perl	Catalyst
PHP	CakePHP
JSP	SeeSea、Struts
Python	Django（Instagram）
Ruby	Ruby on Rails（CookPad）
CSS	Bootstrap、Sass[※]

- ●（ ）はフレームワークを利用している有名なサイトやSNS、[※]はフレームワークというより開発環境
- ●その他に、ソースコード管理サービスのGitHubなどの利用やクラウド事業者のPaaSのサービスの利用なども挙げられる
- ●実現したいことに対して向いているフレームワークを選ぶと、言語も必然的に決まる

図8-8 ┈┈┈ **ASP.NETと主要なツールの概要**

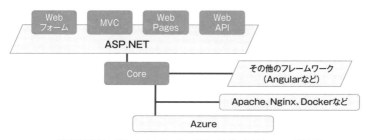

- ●ASP.NETはWebアプリケーションのフレームワークとしては最大で想定されるツールや機能がすべてそろっている。
- ●JSPは、Javaで作成する。Java ServletとJSP（Java Server Pages）のセットでServletがリクエストに応じた処理を実行してJSPが結果を画面に表示する

Point

✎アプリケーション開発ではフレームワークが利用されることが多いが、汎用的な処理のひな型を提供してくれる

✎大規模なWebのシステム開発では、JSPやASP.NETなどのフレームワークが利用されている

自動化を極めるツール

BPMSの特徴

RPAやAIを活用した自動化を広範囲に進めていくことでもDXにつながりますが、さらなる自動化を進めるためには、**BPMS**（Business Process Management System）を導入する選択があります。

BPMSは業務プロセスを分析して改善するステップを繰り返して、業務改善に継続的に取り組んでいく概念です。BPMSは業務プロセスやワークフローの各種のテンプレートを備えています。テンプレートを利用したプロセスや、ワークフローの登録や変更により、業務分析や改善のステップに乗せることもできます。特徴として次の2点が挙げられます（図8-9）。

- **プロセスやデータフローの変更が容易**

  あるプロセスを削除したり、データフローを変更したりすることを、テンプレートの図形の削除や移動で実現できます。
- **自律的な分析によるソリューション**

  各プロセスの処理量や処理時間などを記録して、改善に向けた分析の結果なども示してくれます。

業務プロセスに関するデータのマイニングも提供します。

自動化を極めるために

BPMSはRPAやAI、OCRなども管理できます。そのため、それらとともに業務の自動化を実現する司令塔として位置づけられることもあります（図8-10）。

使いこなすには難易度が高いソフトウェアでもありますが、自動化を極めたい企業にとっては取り組む価値はあります。

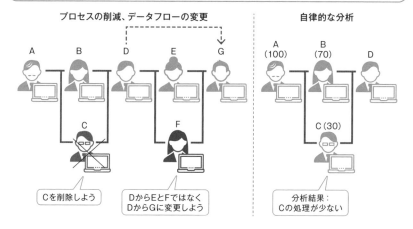

図8-9　BPMSの2つの特徴

プロセスの削減、データフローの変更

A　　B　　D　　E　　G

C
Cを削除しよう

F
DからEとFではなく
DからGに変更しよう

自律的な分析

A
(100)　B
(70)　D

C (30)

分析結果：
Cの処理が少ない

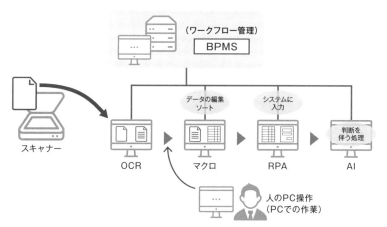

図8-10　BPMSによる業務自動化の例

（ワークフロー管理）
BPMS

スキャナー

OCR　　マクロ　　RPA　　AI

データの編集
ソート

システムに
入力

判断を
伴う処理

人のPC操作
（PCでの作業）

- BPMSがOCR、Excelのマクロ、RPA、AIをマネジメントしている例
- 業務の自動化・無人化の司令塔の役割を果たしている
- OCRとマクロの間に存在する人の仕事もマネジメントできる
- BMPSはPega PlatformやIBMのBusiness Process Managerなどがある

Point

- システムの自動化を極めるツールとして、RPAやAIも管理できるBPMS
が挙げられる。
- BPMSは難易度の高いソフトウェアだが、自動化を極めたい企業には取
り組むだけの価値がある

» システム連携の自動化

システム単位での連携と自動化

業務システムの中で処理を自動化するという観点では、RPAの利用は主流となりつつあります。もちろん、もともとの処理に加えて新たに自動化の処理を追加で開発して実装するという伝統的な手法もあります。

ところが、複数の業務システム間を連携したいとなると、RPAよりも適したしくみがあります。iPaaS（Integration Platform as a Service）と呼ばれていますが、**複数のシステムの連携を自動化するサービス**です。

例えば、複数のSaaSやオンプレミスのシステムなどを連携させる場合には、RPAで実行しようとすると、1つ1つの手順を精緻に定義するので相当な時間がかかります。それに対しiPaaSでは、もともとシステム単位での連携と自動化が想定されているので、RPAよりも簡単で迅速に定義できます（図8-11）。

iPaaSとRPAとの違い

iPaaSで迅速にシステム間の連携ができる理由には、SaaSや著名なアプリケーションソフトが持っているAPIなどの外部システムとのコネクタをあらかじめ持っていることが挙げられます。つまり、このシステムだとこの形状のコンセントなので、このプラグを用意して連携できる機能をあらかじめ持っているということです（図8-12）。RPAにはそのような機能はありません。

iPaaSのWorkatoやMulesoftなどは、数百以上にも及ぶコネクタを装備しています。

業務ごとにSaaSを使うようにしてもiPaaSを活用すれば、実態としては大規模な基幹システムと同様なことが可能となります。SaaSを複数入れることはシステムの乱立を招くようにも見えますが、まとめる機能があることがわかっていれば安心です。

第
8
章

システム連携の自動化

図8-11 **iPaaS利用に関してのBefore/Afterの例**

Before

- 複数のSaaSや自社システムを行き来することで業務効率が低下している
- システムの統合やRPAでの連携を検討したが、開発コストや期間から実現困難

After

- iPaaSがコネクタを装備しているので、短期間・低コストで連携を実現
- システム連携に特化しているのでスムーズに進められる（システム連携専用のRPAと考えるとわかりやすい）

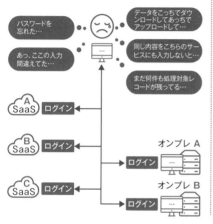

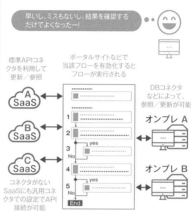

図8-12 **iPaaSの機能の概要**

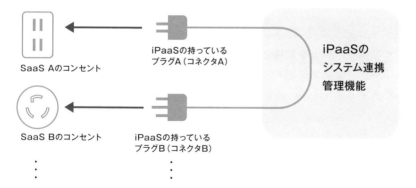

- iPaaSはコンセントに対するプラグ（コネクタ）をもともと持っている
- ない場合には、すぐに作ることもできる

Point

✎ iPaaSは複数のシステムの連携を自動化する

✎ SaaSの導入を進めていってもiPaaSのような機能があれば安心できる

≫ 脅威に応じたセキュリティ対策

不正アクセスへの対策

本節からは、最低限理解しておきたいセキュリティ対策について見ておきます。

Webシステムも含めて、情報システムで一般的に取られているセキュリティ脅威のメインは不正アクセスで、その対策もおおむね定型化されています。

Webサイトやシステムが外部から不正にアクセスされると、データの漏えい、ユーザーへのなりすましなどに加え、ビジネスへの実害のおそれがあります。それらを防ぐために、基本的には外部ならびに内部において、不正なアクセスができないようにする対策が必要となります。特にWebというと、外からの攻撃を思い浮かべる方も多いかもしれませんが、クラウド事業者などは内部での不正アクセスにも対策を施しています。図8-13では、各種のシステムで共通的な不正アクセスへの対策例を示しています。

セキュリティ対策の概要

インターネットを前提とするサービスではさらに複雑で、外部と内部からの不正アクセスに加えて、各種の攻撃や侵入などのセキュリティ脅威があります（図8-14）。追加される脅威を整理すると次のようになります。

＜悪意のある攻撃＞
- 迷惑メールや怪しい添付メールの送信
- 大量のデータ送信によるサーバーのダウンを狙う
- なりすましなどの標的型攻撃
- OSなどの脆弱性を突く攻撃

1日に何万人以上も訪れる企業のWebサイトなどでも、数分の1以上は悪意のある攻撃などともいわれています。続いて物理的なイメージも見ていきます。

図8-13　不正アクセスへの対策例

セキュリティ脅威	対策例
外部からの不正アクセス	●ファイアウォール ●緩衝地帯（DMZ） ●サーバー間通信の暗号化
内部からの不正アクセス	●ユーザー管理 ●アクセスログの確認 ●デバイス操作の監視

図8-14　Webシステムで想定されるセキュリティ脅威

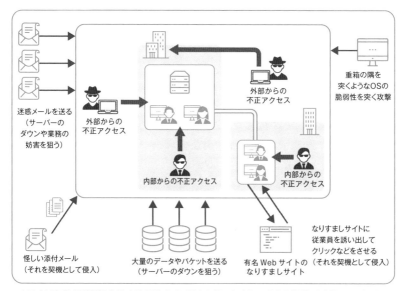

迷惑メールを送る
（サーバーの
ダウンや業務の
妨害を狙う）

外部からの
不正アクセス

外部からの
不正アクセス

重箱の隅を
突くようなOSの
脆弱性を突く攻撃

内部からの不正アクセス

内部からの
不正アクセス

怪しい添付メール
（それを契機として侵入）

大量のデータやパケットを送る
（サーバーのダウンを狙う）

有名Webサイトの
なりすましサイト

なりすましサイトに
従業員を誘い出して
クリックなどをさせる
（それを契機として侵入）

- クラウド事業者が対策を施す範囲は広く、悪意を持った上記のような標的型攻撃にも耐え得る
- 一部の大手企業なども同じレベルの対策をしている
- 近年はサイバーセキュリティ専門のセンターなども併設されている

Point

🖉 セキュリティ対策は想定される脅威に基づいて立てられている
🖉 インターネット接続を前提とすると、悪意のある攻撃などへの対策も必要となる

≫ セキュリティ対策の物理的な構造

ファイアウォールと緩衝地帯

　セキュリティ対策は外部向けと内部向けとがありますが、ISPやクラウド事業者、さらに企業や団体でも、規模こそ違うものの物理的な構成はおおむね同じです。わかりやすさのために、先に**物理的な構造**を見ておきます。

　例えばデータセンターでは、図8-15のように、フロントエンドにインターネットのセキュリティでおなじみの**ファイアウォール**が設置されていて、内部のネットワークとの間に**緩衝地帯**が設けられます。ファイアウォールは内部のネットワークと外部との境界で通信の状態を管理してセキュリティを守るしくみの総称です。緩衝地帯を超えると内部のネットワークに入りますが、入り口のところでは、アクセスの負荷を分散するしくみなどがあります。その後でサーバー群へとつながります。

　ファイアウォールや緩衝地帯は現在のWebシステムでは必ず設けられますが、システムの規模によっては機能ごとに装置を分ける構成になります。ISPやクラウド事業者では大規模であることから、複数の装置やサーバーに分けられます。

機能分けされた防御の方法

　基本的には外部からの不正なアクセスは、現実にはファイアウォールと緩衝地帯までで取り除くように設計されています。

　図8-16は図8-15を横から見たような図です。ファイアウォールで限られた通信だけを許可することに加えて、緩衝地帯で防ぐようになっています。このような**階層構造に機能分けして防御すること**は**多層防御**と呼ばれています。

　ファイアウォールですべてをブロックするわけではなく、特定の送信元や宛先のIPアドレスやプロトコルでのアクセスなどは通過させます。

　この後、なかなか見えにくい緩衝地帯のしくみについて見ていきます。

図8-15　**セキュリティ対策の物理的な構造のイメージ**

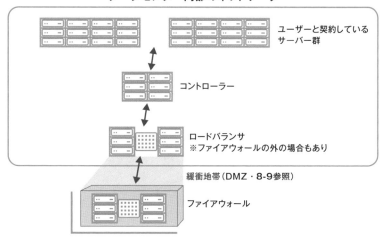

データセンター内部のネットワーク

ユーザーと契約している
サーバー群

コントローラー

ロードバランサ
※ファイアウォールの外の場合もあり

緩衝地帯（DMZ・8-9参照）

ファイアウォール

図8-16　**ファイアウォールと緩衝地帯の役割**

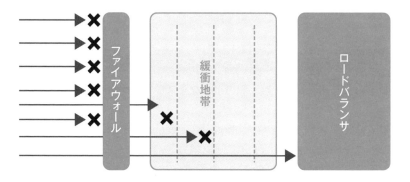

- ●ファイアウォールでも特定の送信元や宛先のIPアドレスやプロトコルは通過させる
- ●不正アクセスや悪意のある攻撃などはファイアウォールと緩衝地帯でブロックされる
- ●あらかじめ定められたルールで正しく許可されたデータだけが通過できる

Point

- ⌇ セキュリティ対策の物理的な構造としては、ファイアウォールとその先に緩衝地帯がある。
- ⌇ 階層構造で機能分けして防御することは多層防御と呼ばれている

》 緩衝地帯での守り方

セキュリティ専用のネットワーク

ファイアウォールと内部のネットワークの間の緩衝地帯は**DMZ**（DeMilitarized Zone：非武装地帯）とも呼ばれています。DMZは**セキュリティシステム専用のネットワーク**で、DMZネットワークと呼ばれることもあります。**物理的には、入り口のところに、セキュリティ対策機能を持ったサーバーやネットワーク機器を設置します。**

もともとは図8-17のように、セキュリティ機能専用のハードウェアを増やしていく方法とソフトウェアで制御する方法がありました。機能ごとに分ける場合と、1つにまとめる場合がありますが、後者は**UTM**（Unified Threat Management：統合脅威管理）と呼ばれています。一般の企業であれば1台のUTM製品で対応することも多いですが、データセンターではUTMでも複数台となります。

侵入を検知して防止するシステム

DMZのフロントエンドは、次のようなシステムで構成されます（図8-18）。

●**侵入検知システム**（IDS：Intrusion Detection System）

私たちの日常生活において、監視カメラが異常行動を検出するように、想定以外の通信のイベントを異常として検出します。セキュリティ対策としては攻撃にあたるようなパターンを見極めます。

●**侵入防止システム**（IPS：Intrusion Prevention System）

異常検出された通信を自動的に遮断するしくみです。不正アクセスや攻撃と判断すると以降はアクセスできなくなります。

これらは、IDS/IPS、IDPSなどと一言で表現されることもありますが、実態としては重要な役割を担っています。

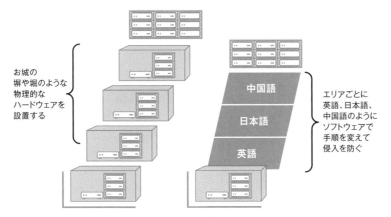

図8-17　もともとのDMZの2つの流れ

お城の
塀や堀のような
物理的な
ハードウェアを
設置する

中国語

日本語

英語

エリアごとに
英語、日本語、
中国語のように
ソフトウェアで
手順を変えて
侵入を防ぐ

DMZはもともとハードウェアでファイアウォールの機能を増やしていく方法とソフトウェアで
制御する方法があったが、現在は仮想化技術で一緒になったともいえる

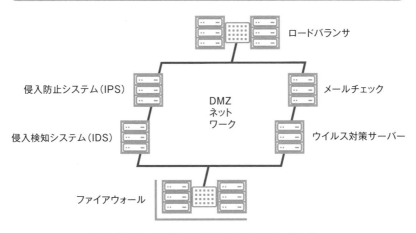

図8-18　DMZネットワークの構成例

ロードバランサ

侵入防止システム（IPS）

DMZ
ネット
ワーク

メールチェック

侵入検知システム（IDS）

ウイルス対策サーバー

ファイアウォール

- ファイアウォールの後ろに展開されているDMZネットワーク
- それぞれの機能を持ったサーバーが並んでいる
- 筐体を分けるのはそれぞれの機能や対策の強化がしやすいことによる
- 一般企業などではUTMとして1つの筐体にまとまっていることもある

Point

🖉 DMZは内部ネットワークを守るセキュリティ専用の機器やネットワーク

🖉 DMZの入り口には侵入を検知するシステムが設けられる

≫ 緩衝地帯を抜けた先の守り

IDPSを抜けた通信への対応

IDPSで通常とは異なるアクセスや、DoS（Denial of Service）攻撃のような短時間にサーバーが処理できないような大量のアクセスなどは、防ぐことができます。しかしながら、悪意のデータなどが含まれていても、見た目は正常に見える通信は通過してしまいます。

そこで、通信の内容を見て悪意のあるデータの有無を確認するWAF（Web Application Firewall）などのしくみがあります。専用の機器やソフトウェアで行いますが、難易度の高いしくみであることから、実質的には大規模サイトやクラウド事業者などでの運用に限られています（図8-19）。

WAFの中には、過去の実績などによる特定のパターンを持っている通信を遮断するブラックリスト型や、数は多くなりますが正常なパターンと照らし合わせるホワイトリスト型などの方法があります。WAFは、SQLインジェクションやクロスサイトスクリプティング（Cross Site Scripting）などの、Webサイトの脆弱性を突く攻撃にも対応します。ISPやクラウド事業者では高度なノウハウを要するサービスに位置づけられています。

ログの分析と結果を反映するシステムが最重要

WAFや前節のDMZは、ISPやクラウド事業者、あるいは大規模なWebサイトを運営している企業においては必ず整備されています。

これらのセキュリティ対策が十分な効果を上げるためには、実は**過去の不正や悪意のある通信ログの蓄積と分析が重要**となっています。それぞれの事業者は、これらのログの分析と分析結果をDMZネットワークなどに反映するシステムに関して、独自の高度なノウハウを有しています。図8-20はそれをイメージした図ですが、ログ分析と結果を反映するシステムが現在のセキュリティ対策の肝といえます。

図8-19　**WAFの概要**

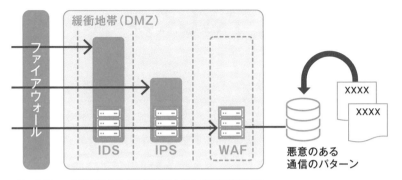

緩衝地帯（DMZ）

ファイアウォール

IDS　IPS　WAF

悪意のある
通信のパターン

XXXX
XXXX

●ファイアウォールを抜けてIDS、IPSも抜けたところでWAFが対応する
●ブラックリストとも呼ばれる随時追加・更新される悪意のある通信のパターンを遮断する
●しくみとしては高度なノウハウを必要とするので高価でもある

図8-20　**セキュリティ対策で極めて重要なログ分析**

②分析結果が以降のIDS/IPSなどの処理に反映される

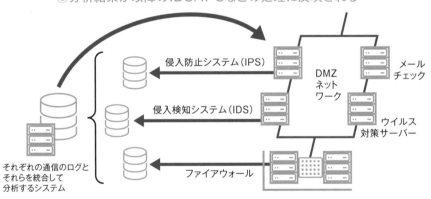

侵入防止システム（IPS）
DMZ
ネット
ワーク
メール
チェック

侵入検知システム（IDS）
ウイルス
対策サーバー

それぞれの通信のログと
それらを統合して
分析するシステム

ファイアウォール

①分析するシステムにログを提供

●クラウド事業者はログ分析専用のデータベースシステムを保有する
●セキュリティ対策の肝でもある

Point

✎ IDPSを抜けた悪意のある通信に対してはWAFなどのしくみで対応する
✎ DMZやWAFなどが十分な効果を発揮するためには、過去の不正や悪意
のある通信ログの蓄積と分析結果を反映するシステムが肝となっている

» お客さまを守るしくみ

企業システムの本人確認

悪意のある第三者に ID とパスワードなどの会員情報を盗まれることや、なりすましによる個人情報その他の重要情報の漏えいについては、ビジネスへの信用も損なうため避けたいところです。

企業の Web システムでは、社員の本人確認を ID とパスワード、さらに、ID カードや生体認証、業務 PC 以外の端末なども利用した多要素認証（Multi-Factor Authentication：MFA）で**厳しく行うことが進められています**（図 8-21）。商用の Web システムでは、顧客の利便性も鑑みて対策を施します。

なりすましやパスワード取得などへの対策

このような場合に想定される脅威と対策は次の通りです（図 8-22）。

●パスワードクラッキング

ID を取得した第三者が、プログラムでパスワードを次々と試して当てることで本人へのなりすましを図ります。対策としては、パスワードの文字構成を複雑にさせる、随時の変更を促す、などの設定・変更に関する対策が主となりますが、読みにくい文字の入力や画像の選択などの人間でないとできない操作の CAPTCHA（Completely Automated Public Turing Test To Tell Computers and Humans Apart）を入れる対策もあります。

●セッションハイジャック

4-3 で解説したセッションや Cookie などを何らかの方法で取得される脅威です。対策としては、異なる端末や IP アドレスからのアクセスであれば直ちに遮断するなどがあります。

これらは Web で固有の対策ともいえますが、商用の Web サイトでも、多要素認証を導入して厳格化する方向に向かっています。

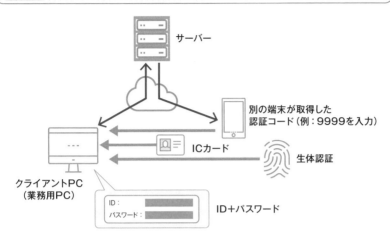

図8-21　多要素認証の概要

サーバー

別の端末が取得した
認証コード（例：9999を入力）

ICカード

生体認証

クライアントPC
（業務用PC）

ID：
パスワード：

ID+パスワード

業務用PCでのID+パスワードの入力に加えて、さまざまな要素で認証を行う

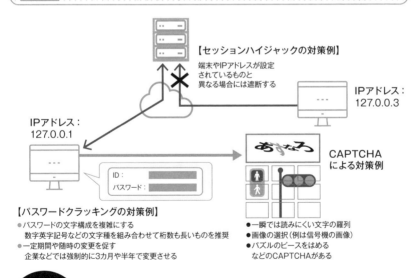

図8-22　パスワードクラッキングやセッションハイジャックの対策例

【セッションハイジャックの対策例】

端末やIPアドレスが設定
されているものと
異なる場合には遮断する

IPアドレス：
127.0.0.3

IPアドレス：
127.0.0.1

ID：
パスワード：

CAPTCHA
による対策例

【パスワードクラッキングの対策例】
- パスワードの文字構成を複雑にする
　数字英字記号などの文字種を組み合わせて桁数も長いものを推奨
- 一定期間や随時の変更を促す
　企業などでは強制的に3カ月や半年で変更させる

- 一瞬では読みにくい文字の羅列
- 画像の選択（例は信号機の画像）
- パズルのピースをはめる
　などのCAPTCHAがある

Point

- 企業システムでは本人確認に多要素認証の導入が進みつつある
- パスワードやセッションの取得などに対しては個別の対策がとられる

》 内部のセキュリティ対策

内部の不正アクセスへの対策

　セキュリティ対策といえば、外部からの不正アクセスを想像する方が多いと思われますが、**Webのサービスやシステムを提供する側の内部での不正アクセスへの対策があって初めて機能します**。内部では、次のような認証やデータ秘匿などの対策をしています（図8-23）。

- ●アクセスと利用制限
  - ・**認証機能**：ユーザー名、パスワード、証明書、生体認証を含む多要素認証
  - ・**利用制限**：管理者、開発者、メンバーなどの権限を設定したロールを提供し、業務要件に基づいて割り当てる。ロールベースアクセス制御とも呼ばれる

- ●データ秘匿
  - ・**伝送データの暗号化**：VPN、SSLなど
  - ・**保管データの暗号化**：ストレージ書き込み時に暗号化するなど
  - ・**不正追跡・監視**：不審者による利用の追跡ならびに監視を行う

　これらの対策は、企業や団体のWebを利用したシステムで必須となっています。

厳密なサーバーへのアクセス制御

　データセンターなどでは、勤務する社員の認証からアクセスを厳密に制御します。アクセス制御システムは、ユーザーの管理・認証、アクセスの制御、正しいアクセスの確認とログを残す監査機構などから構成される厳密なシステムです（図8-24）。

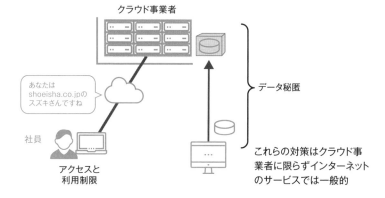

図8-23　Webのサービスの一般的なセキュリティ対策の例

クラウド事業者

あなたは
shoeisha.co.jpの
スズキさんですね

社員

アクセスと
利用制限

データ秘匿

これらの対策はクラウド事
業者に限らずインターネット
のサービスでは一般的

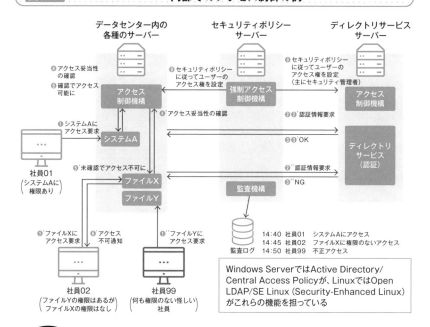

図8-24　内部でのアクセス制御の例

データセンター内の
各種のサーバー

セキュリティポリシー
サーバー

ディレクトリサービス
サーバー

❹アクセス妥当性
の確認
❺確認でアクセス
可能に

❻セキュリティポリシー
に従ってユーザーの
アクセス権を設定

❻セキュリティポリシー
に従ってユーザーの
アクセス権を設定
（主にセキュリティ管理者）

アクセス
制御機構

強制アクセス
制御機構

アクセス
制御機構

❶システムAに
アクセス要求

システムA

❹'アクセス妥当性の確認

❷❷'認証情報要求

社員01
（システムAに
権限あり）

❺'未確認でアクセス不可に

ファイルX

ファイルY

❸❸'OK

ディレクトリ
サービス
（認証）

❷'認証情報要求

❸''NG

監査機構

❶'ファイルXに
アクセス要求

❷'アクセス
不可通知

❶''ファイルYに
アクセス要求

監査ログ

14:40　社員01　システムAにアクセス
14:45　社員02　ファイルXに権限のないアクセス
14:50　社員99　不正アクセス

社員02
（ファイルYの権限はあるが
ファイルXの権限はなし）

社員99
（何も権限のない怪しい
社員）

Windows ServerではActive Directory/
Central Access Policyが、LinuxではOpen
LDAP/SE Linux (Security-Enhanced Linux)
がこれらの機能を担っている

Point

✎内部での不正アクセス対策は、外部からの不正アクセス対策と両輪で機
能する

✎データセンターなどでは厳密なアクセス制御システムが利用されている

やってみよう

非機能要件とセキュリティ

　非機能要件は可用性や性能、運用、セキュリティなどの見えにくい存在ですが、システムに必要不可欠です。ところが、レンタルサーバーやクラウドサービスが一般的になってから状況が変わりつつあります。セキュリティや運用なども、これはつける・つけないなどのように、機能ごとに選択できるようになりました。

　IDS/IPS、WAF、ログ分析などです。メールのチェックやウイルス、DDos攻撃対策などもあります。システムの特性によって要否が異なりますが、必須と想定される機能は検討すべきです。そんなときにまず考えていただきたいのは、**8-7**で見た外部・内部からの不正アクセスや攻撃の想定です。

セキュリティ脅威を確認する例

　この図を例として、実際のセキュリティ脅威と想定されるものをマークまたは囲ってみましょう。さらに新たな脅威があればその言葉を付け加えます。

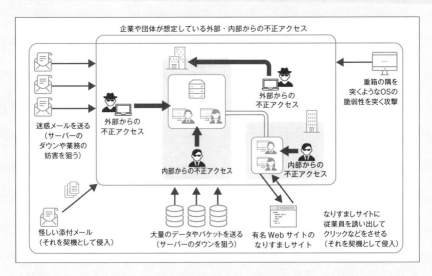

　社内向けのシステムであれば内側の長方形の部分に絞れそうですが、Webシステムではかなりの部分がマークされるでしょう。

DX人材を育てる
～人材像とスキルの定義～

第 9 章

»　DXへの取り組みの実態

大手・準大手企業の事例から

　2-1でDXのトレンドについて解説しました。これはあくまでそういった取り組みが増えつつあるということであって、実態としては、まだまだ中期的な活動としてのDXが多いのが実態です。特に大手や準大手企業ではそのような傾向があります。

　ここで、図9-1の表にまとめたように、現在DXを進めている12の企業や団体の取り組みを紹介しておきます。いずれも製造業や流通業などの大手ならびに準大手企業の例です。

　表を見ると、**中長期的な取り組みが多いものの、一部に短期的な活動が出始めています**。以前はなかった傾向です。

自治体などでも始まっている

　共通していえるのは、各社にCDOがいて、活動をリードしているということです。さらに多くが、縦の指揮命令系統と現場とをつなぐ横串の組織で支えられています。

　また、これも大手や準大手企業の全体的な特徴の1つですが、生産DX、営業DXのように**大ぐくりの事業単位**や**ビジネスユニット**、あるいは業務に分けて進められています（図9-2）。確かにビジネスとシステムがまったく異なるものを同じように扱うのは難しいことから、このような考え方は適切です。

　なお、民間企業とは異なる自治体などでも、CIOやCDOに相当する情報政策部門のトップなどがDXの推進をリードしています。

　現在多くの自治体では、DX戦略のグランドデザインや人材育成に着手しています。大手の医療法人などでも始まっているくらいですから、日本国内の企業や団体の多くがDXに向けて何らかの取り組みを進めているともいえます。

図9-1		大手・準大手企業のDXの例	
業　種	全社／個別	取り組みの概要	リーダー
製造	全社	生産DX、営業DXのように主要な業務や部門に分けて全社で推進	CDO
製造	全社	DX推進委員会が主要本部を横串でサポート	CDO
製造	個別	生産DXを皮切りに推進	CIO
製造・流通	全社	全社テーマと各本部のDXを並行で推進	CIOと各本部のDX推進者
流通	全社	既存事業DX、新規事業DXの2本柱で進める	CDO
商社	全社	CDOのもとに推進部隊を組織、各本部にも担当者を設置	CDO
商社	個別	主要本部ごとに個別に進めている	CDIO
保険	全社	データ活用を基本戦略として、プラットフォームや関連サービスの開発を進めている	CEO
物流	個別	IT投資計画とあわせて主要サービスごとに進める	CIO
社会基盤	全社	デジタル化と働き方改革を皮切りに推進	CIO
社会基盤	全社	情シス部門内でDX部隊を設置して推進	CIO
自治体	全体	DXの構想立案を開始	CIOやCDOに相当

- 全体として全社的に進めている企業が多いが、一部に個別で進める企業も出ている
- 参考として自治体も入れている

図9-2	ビジネスユニットに分けて進める例

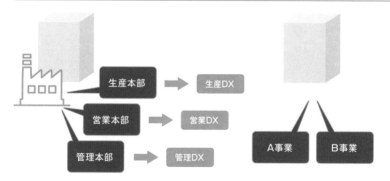

例えば、ある製造業の企業が生産本部、営業本部、管理本部でそれらのユニット単位でDXを進める

例えば、ある商社の主要がA事業、B事業で構成されていると事業単位でDXを進める

Point

- 大手や準大手企業ではDXは中長期的な取り組みであることが多いが、一部に短期の積み上げも始まりつつある
- ビジネスユニットで分けて進められることが多い
- 自治体などでもDX推進は始まっている

≫ DXを担う人材

DX人材はどんな人？

　DXを担う人材は、**DX人材**などと呼ばれていて、**多くの企業や団体で必要とされています**。DXはこれまでも述べてきたように、大きくは業務系と新ビジネス系の2つに分かれますが、いずれにしても既存の概念にとらわれずに新しい発想を持ってDXをリードできることと、デジタル技術とそれらの使い方を理解していることが求められます。

　DXのプロジェクトをリードする人材は**プロデューサー**と呼ばれています。さまざまな調査機関で人材のタイプについてまとめられていますが、ここでは、IPAによる特徴的な5つのタイプを参考に挙げておきます（図9-3）。

- **プロデューサー**：DXプロジェクトのリーダー
- **ビジネスデザイナー**：企画・立案・推進を担う
- **アーキテクト**：システムを設計する
- **データサイエンティスト／AIエンジニア**：デジタル技術やデータ解析に精通
- **UXデザイナー**：システムのユーザー向けデザインを担当

これらの他に一般的なITエンジニアなどがいます。

DX人材の育成のヒント

　企業や団体ではDX人材の育成が急務となっています。その理由は、推進する人がDXより先にいないと実現が困難であるからです。多数派は上記のプロデューサーとビジネスデザイナーや、アーキテクトやデータサイエンティストなどを目指した教育や育成プログラムが多いです（図9-4）。

　しかしながら、1カ月などの短期間ではプロデューサーやアーキテクトになるのは難しいものです。人材育成成功のヒントは、具体的な人材像の定義と各自の強みを活かすことです。

図9-3 **DX推進人材の例**

人材の呼称例		人材の役割
	プロデューサー	DXやデジタルビジネスの実現を主導するリーダー格の人材（CDO含む）
	ビジネスデザイナー	DXやデジタルビジネスの企画・立案・推進などを担う人材
	アーキテクト	DXやデジタルビジネスに関するシステムを設計できる人材
	データサイエンティスト／AIエンジニア	DXに関するデジタル技術（AI・IoTなど）やデータ解析に精通した人材
	UXデザイナー	DXやデジタルビジネスに関するシステムのユーザー向けデザインを担当する人材
	エンジニア／プログラマー	デジタル技術の実装やインフラ構築などを担う人材

出典：IPA（独立行政法人情報処理推進機構）の『デジタル・トランスフォーメーション推進人材の機能と役割のあり方に関する調査』（URL：https://www.ipa.go.jp/ikc/reports/20190412.html）

図9-4 **DX人材の教育例**

外部講師による講義　　　**体験型ワークショップ**　　　**オンライン講座**

- さまざまな形態で教育が行われているが外部講師を招聘することが多い
- プロデューサー系とエンジニア系で分けることが多い

Point

- DXを担う人材はDX人材と呼ばれていて多くの企業や団体で必要とされている
- プロデューサーやアーキテクト、データサイエンティストのような、これまでのビジネスやシステムの人材とは異なる呼び方がされている

» 人材像をイメージする

プロデューサーとアーキテクトに求められるスキル

9-2でDX人材の中でも要ともいえるプロデューサーやアーキテクトなどの概要を見ました。人材を育成していく際に最も重要なのは、**具体的な人材像**をイメージすることです。

例えば、プロデューサーやビジネスデザイナーを例に取ると、一言でいうならDXビジネスの実現に向けたリーダーですが、具体的には何をする人材かということになります。そこで、図9-5のように具体的な役割について分解をしてみます。すると、ビジネスの企画、企画に沿った実現に向けた準備、ビジネスの立ち上げ・開始、開始後のマネジメントと修正などが挙げられます。

重要なのは、**それらの項目に必要なスキルを明確にすることと、それらを踏まえて人材像をイメージもしくは定義すること**です。図9-5は実際に整理した例ですが、このようなスキルと経験がある**タレント**はほとんどいません。

続いて、アーキテクトについて簡単に整理してみます。第3章の後半でIoT関連の技術を解説しましたが、IoTのアーキテクトを例にして整理したのが図9-6です。こちらも一般企業であればなかなかいない人材です。

人材不足を解決する方法

2つの例は、本格的なスキルと経験を備えたDX人材が意外と少ないことを示しています。とはいえ、このように人材像を整理してイメージすることの重要性は理解できたのではないでしょうか。そうすることで候補者のAさんはここが足りない、Bさんはこのスキルを上げればよいというような具体的な計画ができることから育成が可能となります。

人材難を解決するカギは、1人のスーパーマンのようなタレントを作る必要はないということです。つまり、**高度なスキルや1人ではできないこと、あるいは持っていないスキルや経験は別の人材とあわせればよい**のです。

次節でプロデューサーに必須の特殊なスキルについて見ておきます。

| 図9-5 | プロデューサーとビジネスデザイナーに求められるスキルの例 |

必要な役割の例	必要なスキルの例	課題の例
ビジネス企画	アイデアの創出からビジネスとして実現できる状態にまとめるスキル（一言でいえば＜企画力＞）	どのような資料で企画を説明するか、理解しているか？
企画に沿った準備	●社内での新ビジネス立ち上げの稟議や経営会議への起案などの＜事務遂行能力＞と経験 ●事業部門、マーケティング部門、営業部門などとの＜コミュニケーション（スキル）＞と準備 ●プロモーションや他の企業との連携＜アライアンススキル＞もある	●大企業などでは複雑な事務処理があるが理解しているか？ ●実際のサービス提供などに向けた準備は大変で準備作業項目と線表による管理が必要 ●他の企業との連携の進め方を知っているか？
ビジネス立ち上げ	●開始時または早期に顧客がいないとビジネスにならないので事前に発掘する必要がある＜マーケティングスキル＞や＜営業スキル＞ ●プロモーションや他の企業などとの連携もある	企画力とは別に営業力も必要
マネジメント・修正	●売上や損益のコントロール、うまくいっているいないの基準などの＜事業経営スキル＞が必須 ●うまくいかないときにどこでクローズするかの基準と＜判断力＞が必要	紙の上での計画と実績の管理ではなく現場のビジネス状況を押さえて事実を把握できるか？

●スキルを＜　＞で囲っているが、これらをすべて保有している人はあなたの周りに何人いますか？⇒実態としてはいないのでは？
●上記はあくまで例示だが、スキルに分解してみると過剰に求められる傾向がある

| 図9-6 | IoTアーキテクトのレベル分けの例 |

レベル1
第3章などで解説した内容を理解している

レベル2
IoTのデバイス、ネットワーク、サーバー／クラウドで実際にデータ処理ができる

※デバイスでの処理が最初の障壁

レベル3
無線やデータ処理などでのチューニングを理解している

※ゲートウェイやエッジについても理解している

レベル4
システムの設計や構築ができる、あるいはプロマネができる

●実態としては近いシステムでの経験がないと困難
●このようなタレントはあなたの周りに何人いますか？⇒実態としてはなかなかいないのでは？
●上記はあくまで例示だが、実務レベルで考えると一般企業では難しいことがわかる

Point

✎プロデューサーやアーキテクトを一言で片づけないで、具体的に必要なスキルやレベルなどに整理することが必要
✎豊富なスキルを有するDX人材は実際には少ないので、1人でやろうとしないで、複数人のスキルや経験をあわせて臨めばよい

≫ 他流試合に備えて

共同でビジネスを検討するプロセス

　新たなビジネスを含むDXでは、自社だけでなく他社とともに検討することが多くなります。関係が浅い場合では、実証実験を一緒に行う、商流において何らかの役割を果たす、深い場合には、共同でビジネスを提供するなどです。本節で共同検討に必須のプロセスや契約を押さえておきます。

　手始めに、共同で進めている活動を当事者以外に漏らさないために、NDA（Non Disclosure Agreement：秘密保持契約）を結ぶことが慣習となっています。

　むしろ押さえておきたいのは、それ以降にビジネスが具体化していく過程で結ばれる契約です。MOU（Memorandum of Understanding）やLOI（Letter of Intent）と呼ばれますが、日本語ではいずれも、覚書や協定書、基本同意書や基本合意などと訳されます。

　これらを経て具体的な実施契約へと進みますが、「NDA→MOU/LOI→実施契約」と覚えておくと間違いがありません（図9-7）。例えばIT業界などでは、共同でのビジネスを検討した結果として、最終的な実施契約は相手の商材を販売する再販契約などに落ち着くことがよくあります。

特殊なスキルが求められることもある

　このような進め方はいわゆる企業同士のアライアンス（企業提携）では一般的な話ですが、最初からどのような実施契約になるかを想定して取り組んでいくのと、あるいはプロセスを知らないで取り組むのでは結果がまったく異なります。また、**営業活動や調達購入のようにいずれかが上位の関係とは異なり、企業を代表してフィフティ・フィフティの立場で交渉に臨むことも重要です**（図9-8）。

　上記は特殊なスキルの一例ですが、必要な場合にはこのようなところまで踏み込みます。そうでないと、DXの実現に至らないこともあります。

図9-7 他社と共同でビジネスを検討する際の交渉プロセス

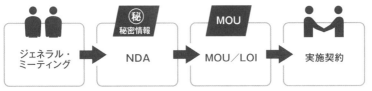

ジェネラル・ミーティング	NDA	MOU/LOI	実施契約
顔合わせ（自己紹介）のミーティング 国内企業であれば不要かもしれないが、海外企業では互いの自己紹介から入る	公開情報以上の情報を開示する際に、秘密にしたい情報を秘密情報として定義し、一定期間守ることを約束する	検討の方向性の確認、提携の概要、その時点での合意事項など	事業内容に応じた契約

図9-8 フィフティ・フィフティの交渉は難しい

営業活動：**顧客 ＞ 営業**

調達購入：**納入業者 ＜ 調達購入**

営業活動では顧客の立場が強く、それを前提とした下手に出る交渉となる

調達購入では購入側が絶対的な立場で、納入業者は下手に出る交渉となる

共同検討：**パートナー候補の立場**

- 企業と企業の共同検討は50：50の交渉になるので経験がないと難しい
- しかし、プロデューサーとして他の企業とともに進めていくためには必須のスキルでもある
- もちろん相手企業の技術や顧客基盤がどうしてもほしいなどの場合は下手に出ざるを得ない

Point

✎ 他社と共同でビジネス検討をする際には、NDA、MOU/LOI、実施契約のプロセスがある

✎ 他の企業と共同でビジネスを検討する際には、基本的にはフィフティ・フィフティの立場で交渉に臨む

» DX人材の育成

DX人材育成のトレンド

大手企業などではDX人材の育成や囲い込みが進められています。囲い込みといっているのは、外部の優秀な人材をかき集めてくる意味も含んでいますが、ここ数年間のトレンドです。

教育に関しては、デザイン思考やデジタル技術全般に関しての教育が多数派で、外部登用ではAIやデータサイエンスの経験者などの人気が高いです。確かにいずれのテーマもDXを進めるうえでは必須ともいえます（図9-9）。

DX人材育成の例

ここでは例として、筆者の**DX人材育成のメソッド**について紹介しておきます。前提と適性、それらに対する教育は次の通りです（図9-10）。

- **前提と適性** 人材のタイプを経験や適性から大きく次の2つに絞る
  プロデューサーやデザイナー：企画やマネジメント、交渉に長けた人材
  アーキテクトなど：技術志向が強い人材

- **例：アーキテクトの育成** 狭い範囲でよいので専門性を極める
  クラウドとAIを必須として、続いて、BPMS（RPA含む）、IoT、Webなどから本人が自主的に進められるものを選択します。

結論からいえば、すべてに強い人材でなく特定のテーマや技術にとがった人材を育成します。必要ならチームで対応すれば問題ありません。

現実には、既存のビジネスやシステムでは目立った活躍がなかった人材でも、特定のテーマで専門家となった瞬間に、立場が変わることがよくあります。

人材も企画力やデジタル技術への習熟度でTransformされていきます。

図9-9 DX教育と外部登用で人気の高い人材の例

企業や団体で多いDX教育の例

デザイン思考のワークショップ　　　　　　　デジタル技術全般の教育

外部登用で人気の高い人材の例

 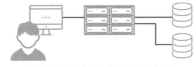

AIに知見のある人材　　　　　　　　データサイエンスに知見のある人材

図9-10 人材育成メソッドの例

前提と適性の例		
前提	人材のタイプを経験や適性から2つに分ける	❶プロデューサーやデザイナー ❷アーキテクトなど
適性	●企画やマネジメント、交渉に長けた人材 ➡ ❶ ●技術志向が強い人材 ➡ ❷	

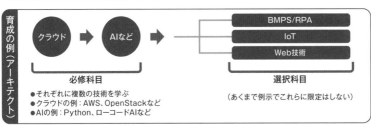

育成の例（アーキテクト）

クラウド ➡ AIなど ➡	BMPS/RPA
	IoT
	Web技術

必修科目　　　　　　　　　　　選択科目

●それぞれに複数の技術を学ぶ　　　（あくまで例示でこれらに限定はしない）
●クラウドの例：AWS、OpenStackなど
●AIの例：Python、ローコードAIなど

育成での留意点
●すべてに強くなろうと考えないこと
●例えば、クラウドとAIは知っていて、その他のデジタル技術は1つなどでよい
●IoTのような物理的に動くものか、ソフトウェアのみで動きがないものかに対する向き・不向きはある

参考
●プロデューサーは本書の技術レベルで通用する
●データサイエンティストの育成は難しい（理由：統計学や工学の専門性が必要だが、社会人になってから身につけるのは困難）
●それまでの経験やスキルではなく、やる気のある人材が成功する

Point

✍ 人材を育成するメソッドを明確に定義してそれらに沿って進めていくこと
✍ ディスラプターやプラットフォーマーのようなことが、人材においても起きるのがDX時代の妙味

やってみよう

適性のチェック

9-2 でDX人材の例を挙げてみました。おそらく読者の皆さんもDXに直接または間接的に携わると想定されることから、ご自身がどの人材に近いか考えてみましょう。簡単に考えるために3つの人材像を例に取ります。

好き（やりたい）か嫌い（やりたくない）か、これまでに経験があるか、さらに関連するスキルがあるかで考えてみます。

人材像判定シート

人材像	好き	経験あり	スキルあり
❶ プロデューサー	Yes / No	Yes / No	Yes / No
❷ アーキテクト	Yes / No	Yes / No	Yes / No
❸ データサイエンティスト	Yes / No	Yes / No	Yes / No

おそらく、すべての人材像に適性があるという方はいないでしょう。

最も重要な項目は好き（やりたい）かどうかです。

スキルのチェック

やりたい気持ちに加えて、現時点で何が不足しているかを知ることも重要です。筆者が人材のスキルを見るのに使っている例を示しておきます。

人材像判定シート

人材像	レベル1（知っている・できる）	レベル2（知っている・できる）
❶	自社の新規ビジネス立ち上げの手順とルール	他社と共同での検討とプロセス NDA → MOU/LOI → 実施契約など
❷	例：図3-6、図6-21相当に対応可能	Webやクラウド上で実現可能
❸	例：多変量解析やt検定を説明可能	○○工学による計算が可能

上記の例を見ると、レベル1の人もそれほど多くないことがわかります。重要なのはそれを理解したうえでどのようにDX人材を育成していくかです。

用語集

[・「➡」の後ろの数字は関連する本文の節]

数字

3C分析 (➡7-4)
自社(Company)と外部環境にある顧客(Customers)と競合(Competitors)のそれぞれの視点から市場や自社の戦略を考える手法。

4G (➡6-8)
第4世代システムの略で、スマートフォンの普及を支えた広帯域・高速のデータ伝送を実現した携帯電話システム。

5G (➡2-10)
2020年から始まった新たな通信インフラ。4Gと比べて大幅に通信速度が向上することから、今まではできなかったような大容量の映像データの送受信などが可能となる。

A〜Z

AI (➡3-2)
Artificial Intelligenceの略。人工知能。人間が考えて行うのと同じような処理をコンピュータやソフトウェアで実行する。

Amazon Robotics (➡2-11)
Amazonの物流倉庫で活用されている、商品が搭載されている棚を運んできてくれるロボットのこと。

Apache Spark (➡6-4)
ビックデータを高速に分散処理するフレームワークの1つ。

API (➡7-10)
Application Programming Interfaceの略。もともとは異なるソフトウェアがやりとりをする際のインタフェースの仕様を意味する言葉。

ARゴーグル (➡3-15)
ARはAugmented Reality（拡張現実）の略で、ゴーグルの現実の画像に別の情報を追加して現実を拡張する。

ASP.NET (➡8-4)
マイクロソフトが提供しているWebアプリケーション開発のための最大のフレームワーク。

BPMN (➡7-5)
Business Process Model and Notationの略。ビジネス・プロセスを分析した結果を表すための表記法。

BPMS (➡8-5)
Business Process Management Systemの略。業務プロセスを分析して改善するステップを繰り返して、業務改善に継続的に取り組んでいく概念。

CAPTCHA (➡8-11)
Completely Automated Public Turing Test To TellComputers and Humans Apartの略。人間でないとできない操作を入れるセキュリティ対策。

CDO (➡2-4)
Chief Digital Officerの略。デジタル戦略の策定ならびに推進を行うDXの責任者。

CIO (➡2-4)
Chief Information Officerの略。IT戦略の策定ならびに推進、ITやシステムの導入・運用の責任者。

CMS (➡4-4)
Content Management Systemの略。基本的なWebページ、ブログ、管理機能などがパッケージされているシステム。

CO_2センサー (➡3-13)
CO_2濃度を測定するセンサー。

Cookie (➡4-3)
再接続を支援するための機能で、Webサーバーからのブラウザに送信されたセッションデータを保存する機能。

CSS (➡8-3)
Cascading Style Sheetsの略。スタイルシートとも呼ばれ、主にページの見栄えや統一感を表現するために利用される。

DMZ (➡8-9)
DeMilitarized Zoneの略。内部ネットワークへの侵入を防ぐためにファイアウォールと内部のネットワークの間に設けられるセキュリティシステム専用のネットワーク。

Docker (➡5-10)
コンテナを作成するソフトウェア。

DoS攻撃 (➡8-10)
Denial of Service攻撃の略。短時間にサーバーが処理できないような大量のアクセスを行う攻撃。

DX (➡1-1)
Digital Transformation（デジタル・トランスフォーメーション）の略称で、企業や団体がデジタル技術を活用して経営や事業における変革を実現する取り組み。デジタル技術を一言で表す「Digital（デジタル）」と変革を意味する「Transformation（トランスフォーメーション）」を組み合わせた造語。

DX人材 (➡9-2)
DXを担う人材で、多くの企業や団体で必要とされている。

DX推進ガイドライン (➡1-12)
2018年12月に経済産業省が発表したガイドライン。企業や団体の目線でまとめられていて、DXの実現やITの構築を行ううえで、経営者が押さえるべき事項の明確化や、取締役会・株主がDXに向けた取り組みをチェックするうえで活用できるものであることを目的としている。

DX推進部門 (➡2-5)
DX戦略の策定や実現に向けてのマネジメント、さらには

稼働後の評価などを担当するDX推進の実働部隊。

Elasticsearch (→6-3)
オープンソースで全文検索や分析を担うソフトウェア。

GitHub (→3-3)
ソフトウェア開発に必要なソースコードを提供してくれる管理サービスで、世界中のソフト開発者が作成したアプリのソースコードを公開している。

Hadoop (→6-4)
オープンソースのミドルウェアで、大量かつ膨大なデータを高速に処理する技術でビッグデータ分析を支える技術の1つ。

HTML (→8-3)
Hyper Text Markup Languageの略。ハイパーテキストを記述するための言語で、「＜タグ＞」と呼ばれるマークを使って記述する。

HTTPプロトコル (→4-2)
HTTPはHyperText Transfer Protocolの略。インターネット上でのデータ転送をするためのプロトコル。

HTTPリクエスト (→4-2)
HTTP通信で、ブラウザからWebサーバーに上げるリクエストのこと。

HTTPレスポンス (→4-2)
HTTPリクエストで受けたブラウザからの要求に対するWebサーバーの応答。

IaaS (→5-3)
Infrastructure as a Serviceの略。クラウド事業者がサーバーやネットワーク機器、OSを提供するサービスで、ミドルウェアや開発環境、アプリケーションは、ユーザーがインストールする。

ICT (→1-1)
Information and Communication Technologyの略。情報通信技術のこと。

ICタグ (→3-9)
メモリ機能があるICチップと小型のアンテナが埋め込まれている電子のタグ。

IDS (→8-9)
Intrusion Detection Systemの略。侵入検知システム。想定以外の通信のイベントを異常として検出する。

IoTシステム (→2-9)
IoTはInternet of Thingsの略。あらゆるものがインターネットにつながることで、いつでもどこでも必要な情報やデータを取得して自動的に処理を実行できるシステム。

IoTデバイス (→3-14)
さまざまなデータを取得するセンサーやデバイスの総称。

iPaaS (→8-6)
Integration Platform as a Serviceの略。複数のシステムの連携を自動化するサービス。

IPS (→8-9)
Intrusion Prevention Systemの略。侵入防止システム。異常検出された通信を自動的に遮断するしくみ。

IT (→1-1)
Information Technologyの略。情報技術のこと。

JavaScript (→8-3)
クライアントサイドを代表するスクリプト言語の1つ。

JSON (→6-1)
もともとはJavaScriptと連携するその他の言語とのやりとりで考案されたデータ形式で、現在はWebのシステムでのデータの受け渡しで多く使われている。

JSP (→8-4)
Java Server Pagesの略。サーバーサイドで動的にWebページを生成する技術の代表的存在。

Kubernetes (→5-11)
コンテナのオーケストレーションを行う代表的なOSS。

KVS (→6-2)
Key-Value Storeの略。1つのキーに1つまたは複数の値を持たせる単純な構造のデータベース。

LAMP (→4-5)
Linux、Apache、MySQL、PHPのそれぞれの頭文字を取ったWebアプリのバックエンドの代表的なソフトウェアを表す。

LAN (→6-8)
Local Area Networkの略。企業や組織の内部のネットワークの基本。

LOI (→9-4)
Letter of Intentの略。日本語では基本同意書や基本合意などと訳される。

MA (→2-8)
Marketing Automationの略。マーケティング業務を自動化すること。

MOU (→9-4)
Memorandum of Understandingの略。日本語では覚書や協定書などと訳される。

NDA (→9-4)
Non Disclosure Agreementの略。秘密保持契約。

Node.js (→8-3)
JavaScriptの実行環境で、サーバー側でのJavaScriptの利用を可能にする。

NoSQL (→6-2)
Not only SQLの略。RDB以外のDBMSで1つのキーに1つまたは複数の値を持たせる単純な構造のKVSや、キーにドキュメントを持たせるドキュメント指向などがある。

OSS (→4-6)
Open Source Softwareの略。ソフトウェア開発の発展や成果の共有を目的として公開されている再利用や再配布が可能なソフトウェアの総称。

PaaS (→5-3)
Platform as a Serviceの略。IaaSに加え、ミドルウェアやアプリケーションの開発環境が提供される。

PEST分析 (→7-4)
Politics、Economy、Society、Technologyのようなマクロ視点で市場を分析する。

PoB (→7-8)
Proof of Business（ビジネス実証）の略。PoCで確認ができたことを前提として、ビジネスとして実現可能かを検証する。

PoC (→7-8)
Proof of Concept（概念実証）の略。システムなどが企画した通りに動いて現実に使えるかどうかなどのしくみと

しての実現性の検証と、ユーザー目線から見て企画通り
にできつつあるかを確認する。

PoW （➡6-10）
ブロックチェーンのコンセンサスアルゴリズムの代表例。

Raspberry Pi （➡3-3）
イギリスのラズベリーパイ財団が開発しているLinuxディ
ストリビューションを利用できるマイコン。

RDB （➡6-2）
Relational Databaseの略。関係データベースとも呼ば
れ、データをテーブルや表として管理して、それらの関
係性を定義することで多様なデータ処理を可能にする。

RFID （➡3-9）
Radio Frequency Identificationの略。電波を用いて非接
触でデータキャリアを自動認識する技術。

RPA （➡3-4）
Robotic Process Automationの略。人間が操作するソフ
トウェアを対象として定義された処理を自動的に実行す
るツール。

SaaS （➡2-6）
Software as a Serviceの略。ユーザーがアプリケーショ
ンとその機能を利用するサービス。ユーザーはアプリケ
ーションの利用や設定にとどまる。

Society 5.0 （➡1-11）
サイバー空間とフィジカル空間を高度に融合させたシス
テムにより、経済発展と社会課題を解決する、人間中心
の社会。第5期は第4期の情報社会をAIやIoTなどのデジ
タル技術でさらに発展させた未来社会として提唱されて
いる。

SQL （➡6-2）
Structured Query Languageの略で、RDBを操作するた
めの言語。

SWOT分析 （➡7-4）
Strength（強み）とWeakness（弱み）、Opportunity（機
会）とThreat（脅威）を軸にして整理する手法。

TypeScript （➡8-3）
マイクロソフトが2010年代前半に発表したプログラミン
グ言語で、JavaScriptと互換性がある。

UTM （➡8-9）
Unified Threat Managementの略。統合脅威管理。複数
のセキュリティ機能を統合して提供する。入り口のとこ
ろにセキュリティ対策機能を持ったサーバーやネットワ
ーク機器を設置し、セキュリティ機能専用のハードウェ
アを増やしていく方法とソフトウェアで制御する方法が
ある。

UXデザイン （➡4-11）
User Experienceデザインの略。ユーザーが得られる満足
する体験を目指して設計すること。

VDI （➡2-6）
Virtual Desktop Infrastructureの略。クラウド上に仮想
のデスクトップのシステムを構築して、ユーザーが外出
先や自宅などから呼び出して利用する。

VM （➡5-9）
Virtual Machineの略。仮想サーバーの別の呼び方。

VPC （➡5-6）
Virtual Private Cloudの略。プライベートクラウドをパブ
リッククラウド上で実現するサービス。

WAF （➡8-10）
Web Application Firewallの略。通信の内容を見て悪意の
あるデータの有無を確認するしくみ。

WAN （➡6-8）
Wide Area Networkの略。キャリアが提供する通信網。

あ行

悪意のある攻撃 （➡8-7）
当該システムに何らかの害を与えることを目的として攻
撃をすること。

アクセス制御 （➡8-12）
ユーザーの管理・認証、アクセスの制御、正しいアクセ
スの確認とログを残す監査機構などから構成される厳密
なセキュリティシステム。

アグリゲーション・サービス （➡4-10）
インターネット上に存在するさまざまな情報を集約して
一元的に見せる、あるいはそれぞれの情報やビジネスに
スムーズに連携するサービス。

エッジ （➡6-6）
ユーザーの近くにサーバーの機能やアプリケーションの
一部を持ってくる機能。

オーケストレーション （➡5-11）
主に異なるサーバー間に存在するコンテナの関係性や動
作を管理すること。

オープンデータ （➡4-6）
著作権などの制限がなく無償で利用できるデータ。

オムニチャネル （➡2-12）
リアルの店舗やコールセンター、Webサイトでの対応な
どに加えて、SNSやWebでの個人向けの広告、スマート
フォンのアプリなどのさまざまな顧客接点を緊密に連携
させて、同じサービスレベルでユーザーに提供できるよ
うにすること。

温湿度センサー （➡3-13）
周囲の温度や湿度を計測して電気的な信号として出力す
るセンサー。

か行

画角 （➡3-12）
カメラなどで撮影できる範囲を角度で示したもの。

カスタマーエンゲージメント （➡2-12）
顧客や個客と事業者との深い関係性のこと。

カスタマージャーニー （➡4-11）
人物像を設定して事前に分析・研究する考え方。

仮想サーバー （➡5-9）
インスタンス、Virtual Machine（VM）などとも呼ばれ
る。物理サーバーを例とすると、1台のサーバーの中に複
数台のサーバーの機能を仮想的あるいは論理的に持たせ
ること。

画像認識 （➡3-12）
カメラなどで撮影した画像に何が写っているのか認識す
る技術。

加速度センサー （➡3-11）
ある方向に対して動いている、加速していることを検知
するセンサー。

緩衝地帯 （➡8-8）
ファイアウォールと内部ネットワークの間に設けられる
セキュリティを守るための機能。

239

機械学習 （➡3-2）
AIがサンプルとなるデータを反復して解析し、データを整理するルールや判断基準などをモデルとして構築する。

キュレーション （➡4-10）
集約した情報に専門家の知見を付加価値として加え、個々のユーザーに対応したサービスを提供するビジネス。美術館や図書館などの学芸員を意味するキュレーター（Curator）が専門的なノウハウで対象を探すようなサービスであることから、キュレーションと呼ばれている。

クラウドコンピューティング （➡5-2）
クラウドコンピューティングの略称で、情報システムならびにサーバーやネットワークなどのIT資産をインターネット経由で利用する形態。

クラウド・バイ・デフォルト原則 （➡1-11）
中央官庁が情報システムを構築する際に、クラウドを第1候補として利用を推進する方針。

クラウドネイティブ （➡5-3）
クラウド環境でシステムを開発してそのまま運用する形態。

ゲートウェイ （➡6-5）
異なるネットワークを接続するコンピュータの総称。

コロケーションサービス （➡5-5）
データセンターが提供するサービス形態の1つで、サーバーなどのICT機器はユーザーが保有し、そのシステムの運用監視などもユーザーが行う。

コンセンサスアルゴリズム （➡6-10）
利用者間でブロックの生成を検証するしくみ。

コンテナ型 （➡5-10）
仮想化の中でも軽量化を実現する基盤技術。1つのホストOS上に複数の独立した空間を形成して、そこでアプリケーションを構築できる。

コントローラー （➡5-7）
クラウド事業者のデータセンターにあるサーバーで、サービスを一元的に管理・運用している。

さ行

シェアリング・エコノミー （➡4-9）
インターネットのサービスを通じてモノや場所などを個人や企業間でシェアする経済的な活動。

自然言語処理 （➡6-11）
人が日常的に使っている自然言語をコンピュータに処理させる技術。

ジャイロセンサー （➡3-11）
角速度センサーとも呼ばれており、傾きや角度を検知する。

心拍数センサー （➡3-13）
センサーとアプリケーションを組み合わせて心拍数を測定・表示する。

スーパーシティ構想 （➡2-13）
内閣府が推進する未来型都市構想で、さまざまな産業分野のデータを連携させるとともに、AIやIoTなどのデジタル技術を活用して、地域の住民が健康で安心・安全に生活できる街作りを目指す取り組み。

セッション （➡4-3）
ブラウザとWebサーバーの間の処理の開始から終了までのやりとりを管理するしくみ。

セッションハイジャック （➡8-11）
セッションやCookieなどを何らかの方法で取得される脅威。

全文検索 （➡6-3）
任意の文字列をキーとして、複数の文書を含めて検索して目的のデータを探し出す技術。

た行

多層防御 （➡8-8）
階層構造に機能分けして外部からの不正なアクセスを防御すること。

多要素認証 （➡8-11）
Multi-Factor AuthenticationでMFAとも呼ばれる。IDとパスワード、さらにICカードや生体認証、業務PC以外の端末なども利用した本人確認の方法。

チャットボット （➡6-11）
チャットとボットを組み合わせた造語で、自動で会話ができるプログラム。

ディープラーニング （➡3-2）
膨大でさまざまなデータから自律的に特徴を学習する人間の脳に近い形で処理を実行する。

ディスラプター （➡1-4）
創造的破壊者。ビジネス領域で近い部分はあるものの、競合とは考えていなかったような企業が、いつの間にか自分たちの業界に入ってきて市場を席巻する。

低遅延伝送 （➡6-9）
電波で一定のデータ量を受信するのにかかる時間が短く遅延を感じにくいこと。5Gでは送受信にかかる時間が1ms以下となる。

データセンター （➡5-5）
1990年代から普及した大量のサーバーやネットワーク機器などを効率的に設置・運用する建物。現在はクラウドを支えるファシリティの基盤となっている。

デザイン思考 （➡1-6）
共感、定義、創造、試作、検証の5つのステップから構成されるデザイナーなどの仕事の進め方をベースとした考え方。

デジタイゼーション （➡1-9）
デジタル技術を導入する、あるいはそれらを含んだシステムを導入・活用すること。データ化できてないものをデータにするという考え方もある。

デジタライゼーション （➡1-9）
デジタル技術を導入する、あるいはそれらを含んだシステムを導入・活用すること。プロセスのデジタル化という考え方もある。

ドキュメント指向 （➡6-2）
キーにドキュメントデータを持たせる構造。

特徴量 （➡3-2）
測定できる特徴のことで、バナナを例とすると、黄色い、長さ20cmなど。

トップダウン （➡2-3）
組織の上部から下部に向かって指示をする経営管理の方式。

な行

ニューノーマル （➡1-5）
テレワークやリモートワーク、オンラインでの営業や打ち合わせなど、新型コロナウイルス感染症の流行後の当たり前となりつつある新しい日常のこと。

ノンコード （➡8-2）
コードを書かないで設定作業を中心にしてシステムを作っていくスタイル。

は行

ハイパーバイザー型 (→5-10)
物理サーバー上での仮想化ソフトとして、その上にLinux
やWindowsなどのゲストOSを載せて動作させる。

ハウジングサービス (→5-5)
データセンターが提供するサービス形態の1つで、サーバ
ーなどのICT機器はユーザーが保有するが、そのシステム
の運用監視などは事業者が行う。

パスワードクラッキング (→8-11)
IDを取得した第三者が、プログラムでパスワードを次々
と試して当てることで本人へのなりすましを図る。

パブリッククラウド (→5-4)
クラウドサービスの象徴的な存在であるAmazonのAWS、
マイクロソフトのAzure、GoogleのGCPなどのように、
不特定多数の企業や団体、個人に対して提供しているサ
ービス。

ビーコン (→3-10)
無線を使って移動や位置がわかるデバイス。電波を発す
るビーコンデバイスと受信して強度を示すビーコンセン
サーで構成される。

ファイアウォール (→8-8)
内部のネットワークと外部との境界で通信の状態を管理
してセキュリティを守るしくみの総称。

不正アクセス (→8-7)
当該システムにアクセスをする権限のない者が不正な手
段などでアクセスすること。

プライベートクラウド (→5-4)
自社のためにクラウドサービスを提供する、あるいはデ
ータセンターなどに自社のためのクラウドのシステムを
構築すること。

プラットフォーマー (→1-4)
多数の企業や団体がWebサービスの提供に際して、不可
欠な機能を独占的に提供する企業。

ブレイン・ストーミング (→7-7)
自由なアイデアを出し合い多様な発想を誘発する技法。

ブレークポイント (→4-4)
Webページの表示の分岐の基準となる画面サイズで、
PC・タブレットとスマートフォンなどの画面サイズの境
界線にあたる値。

プロセスマイニング (→7-5)
業務データやログから業務プロセスを半自動的に可視化
する技術。

ブロックチェーン (→6-10)
分散された別の場所に存在するシステムでデータを共有
して処理をする。分散型台帳ともいう。

プロデューサー (→9-2)
DXのプロジェクトをリードする人材。

プロトタイプ (→7-8)
試作品システムのこと。

ペルソナ (→4-11)
モデルとなる顧客の人物像のこと。

ホスティングサービス (→5-5)
データセンターが提供するサービス形態の1つで、サーバ
ーなどのICT機器も事業者が保有し、システムの運用監視
なども事業者が行う。

ホストOS型 (→5-10)
仮想サーバーから物理サーバーにアクセスする際に、ホ
ストOSを経由するので速度の低下が起きやすいが、障害
発生時の切り分けはハイパーバイザー型よりしやすい。

ボトムアップ (→2-3)
現場での意見や取り組みを中心として意思決定に反映さ
せていく方式。

ま行

マイグレーション (→1-10) (→5-8)
システムを異なる環境に移行すること。

マイクロサービス (→7-9)
小さいサービスを多数作成してそれらを統合して大きな
サービスを提供する考え方。

マッチング・エコノミー (→4-9)
商品やサービスの提供者とユーザーを結びつけるしくみ。

モダナイゼーション (→1-10)
古いIT資産を活用しながら、新しいハードウェアやソフ
トウェアのような最新のシステム環境に置き換えること。

モデリング (→7-5)
業務やプロセスを一定の表記法に従って可視化すること。

モノリシック (→7-9)
一枚岩のように複数のサービスや機能が密接に連携して
いること。

ら行

レスポンシブ (→4-4)
ユーザーのデバイスの画面サイズに応じたWebページを
提供すること。

ローカル5G (→6-9)
企業や団体が自ら無線局免許を取得して、自社が管理し
ている敷地内などで5Gを活用する制度。

ローコード (→8-2)
コードをできるだけ書かない開発のスタイル。

ログ分析 (→8-10)
アクセスログを分析することでセキュリティや性能など
の課題の解決につなげる。

ワークショップ (→7-7)
複数名で集まって討議すること。参加者がお互いに協力
して特定のテーマをもとに展開する議論や共同検討のス
タイル。

索引

243

本書内容に関するお問い合わせについて

このたびは翔泳社の書籍をお買い上げいただき、誠にありがとうございます。弊社では、読者の皆様からのお問い合わせに適切に対応させていただくため、以下のガイドラインへのご協力をお願い致しております。下記項目をお読みいただき、手順に従ってお問い合わせください。

●ご質問される前に

弊社Webサイトの「正誤表」をご参照ください。これまでに判明した正誤や追加情報を掲載しています。

正誤表　https://www.shoeisha.co.jp/book/errata/

●ご質問方法

弊社Webサイトの「刊行物Q&A」をご利用ください。

刊行物Q&A　https://www.shoeisha.co.jp/book/qa/

インターネットをご利用でない場合は、FAXまたは郵便にて、下記"翔泳社 愛読者サービスセンター"までお問い合わせください。
電話でのご質問は、お受けしておりません。

●回答について

回答は、ご質問いただいた手段によってご返事申し上げます。ご質問の内容によっては、回答に数日ないしはそれ以上の期間を要する場合があります。

●ご質問に際してのご注意

本書の対象を越えるもの、記述個所を特定されないもの、また読者固有の環境に起因するご質問等にはお答えできませんので、予めご了承ください。

●郵便物送付先およびFAX番号

送付先住所　〒160-0006　東京都新宿区舟町5
FAX番号　　03-5362-3818
宛先　　　　（株）翔泳社 愛読者サービスセンター

著者プロフィール

西村 泰洋（にしむら・やすひろ）

富士通株式会社 フィールド・イノベーション本部 フィールド改革事業部長
DXやデジタル技術を中心にさまざまなシステムとビジネスに携わる。
情報通信技術の面白さや革新的な能力を多くの人に伝えたいと考えている。IT入門サイト、ITzoo.jp（https://www.itzoo.jp）でITの基本やトレンドの解説、無料ダウンロードでの各種素材の提供なども手掛けている。
著書に『図解まるわかり Web技術のしくみ』『図解まるわかり クラウドのしくみ』『図解まるわかり サーバーのしくみ』『IoTシステムのプロジェクトがわかる本』『絵で見てわかるRPAの仕組み』『RFID+ICタグ システム導入・構築標準講座』（以上、翔泳社）、『図解入門 よくわかる最新IoTシステムの導入と運用』『デジタル化の教科書』『図解入門 最新 RPAがよ～くわかる本』（以上、秀和システム）、『成功する企業提携』（NTT出版）がある。

装丁・本文デザイン／相京 厚史（next door design）
カバーイラスト／越井 隆
DTP／佐々木 大介
　　　吉野 敦史（株式会社アイズファクトリー）

図解まるわかり DXのしくみ
<small>ディーエックス</small>

2021年10月11日　初版第1刷発行
2022年 4月15日　初版第3刷発行

著者　　　西村 泰洋
発行人　　佐々木 幹夫
発行所　　株式会社 翔泳社（https://www.shoeisha.co.jp）
印刷・製本　株式会社 加藤文明社印刷所

ISBN978-4-7981-7230-9　　　　　　　　　　　　　　Printed in Japan